KB202741

오늘 우리에게 구원과 해탈은 무엇인가?

# 오늘 우리에게 구원과 해탈은 무엇인가?

**오늘 우리에게 구원과 해탈은 무엇인가?**

2007년 4월 20일 초판 1쇄 인쇄
2007년 4월 25일 초판 1쇄 발행

**지은이** 한국교수불자연합회 · 한국기독자교수협의회 공저
**펴낸이** 김영호
**펴낸곳** 도서출판 동연
**등　록** 제1-1383호
**주　소** 서울시 마포구 망원동 472-11 2층
**전　화** (02)335-2630
**팩　스** (02)335-2640



값 9,000원
ISBN 978-89-85467-57-5 03200

이 책은 2007년도 문화관광부의 지원으로 출판되었습니다.

# 종교의 공동 본질 탐색을 위한 심층적 대화

김용표 교수(한국교수불자연합회장, 동국대 교수)

새봄의 향기가 온 누리의 생명을 깨우는 봄날에 기독교·불교 교수 공동학술회의를 열게 된 인연을 이 자리에 동참해주신 여러분들과 함께 뜻 깊게 생각합니다.

한국기독자교수협의회와 한국불자교수연합회는 지난 해 5월 '인류의 스승으로서 붓다와 예수'라는 주제로부터 대화의 문을 연 바 있습니다. 오늘의 공동학술회의는 '오늘 우리의 구원과 해탈은 무엇인가?'라는 주제를 개인적 차원과 사회적 차원으로 나누어 조명해 보고자 합니다.

예수와 붓다의 가르침은 '타력에 의한 구원'과 '자력에 의한 해탈'로 이해되어 왔습니다. 신의 은총에 의한 구원과 스스로의 깨달음에 의한 성불은 그 목적이나 방법이 매우 상이한 가르침으로 서로 이해하기 어려운 주제로 여겨온 것이 사실입니다. 그러나 이 시대 구원과 해탈은 자기 혼자만의 내적 신앙의 차원을 넘어 함께 존재하고 있는 이웃과의 관계적 차원에서 대화해야 할 때가 되었습니다.

종교의 본질에 대한 심층적 이해는 성숙한 종교인이 되기 위한 필수 조건이라 하겠습니다. 현대의 종교다원주의 사상가들도 깊이 들어가서 보면, 모든 종교들은 동일하며 길은 다르더라도 같은 목표를 지향하고 있다고 생각하고 있습니다. "천하에 진리는 둘이 아니고, 성인의 마음도 둘이 아니다(天下無二道 聖人無兩心)."라는 자각이 필요한 것입니다.

고려 시대의 태고(太古) 스님은 '만법이 돌아가는 하나의 진리는 다시 어디로 돌아가는가(萬法歸一 一歸何處)?'하는 화두를 깨치고 다음과 같은 게송을 지었습니다.

만법귀일(萬法歸一)이라는 하나 또한 얻을 수 없는 곳에
밝게 깨치고 보니 집안에 있는 돌이네.
돌이켜 보니 깨친 흔적 또한 없고, 본 사람마다 고요하고 고요하니
둥근 원은 뚜렷하고 뚜렷하며, 그윽한 빛은 더욱 밝게 빛난다.
(一亦不得處 踏破家中石 回看沒破跡
看者亦已寂 了了圓陀陀 玄玄光爍爍)

참다운 대화의 본질은 피상적인 만남에 있는 것이 아니라 근원적인 진리를 체험한 사람간의 심층적 해후, 즉 말하는 것도 없고 들은 바도 없는 세계에서의 마음의 교류에 있음을 일깨워 주고 있습니다.

진리는 누가 홀로 독점할 수 있는 것이 아니라 누구나 발견할 수 있게 열려져 있는 것입니다. 불교에서는 '진리(法, Dharma)에 대한 집착'을 법집(法執)이라고 하여 '나에 대한 집착(我執)'과 함께 버려야 할 근본 번뇌의 하나로 가르치고 있습니다. 만일 진리에 실체가 있다고 생각한다면 이와 같은 생각은 자신의 교법에 대한 애착과 거기에서 발생하는 타종교에 대한 미움과 갈등으로 떨어지게 된다는 것입니다.

우리는 아직도 종교간 갈등의 장벽이 여전히 높은 것을 실감하고 있습니다. 대부분의 종교인들은 종교 언어와 교리에 집착하여 종교적

사랑의 실천보다는 이기적 아집으로 종교간의 장벽을 높게 만들어 왔던 것입니다. 그러나 21세기는 대화를 존중하는 다원주의 시대입니다. 시대는 더 이상의 배타주의적 종교인식을 거부하고 있습니다. 지구화 사회의 특징인, 경계를 넘어 서로간의 간격을 좁혀나가는 포스트모던 정신을 종교인들은 깊이 생각할 때가 왔습니다. 이러한 의미에서 한국종교계에 여러 차원의 종교다원주의 담론과 대화운동이 확산되고 있음은 실로 다행한 일이라 하겠습니다.

종교간의 대화는 외면적인 협력을 위한 대화와 비교종교학적 이론적 대화, 그리고 심층적 영적 대화 등의 단계로 진행될 수 있습니다. 이 학술회의에서는 비교종교학적 대화의 모델을 제시할 것입니다. 그러나 오늘의 대화 모임이 종교간의 지적 이해뿐만 아니라 종교의 영적인 심층의 본질까지도 탐색하는 데 목적을 두고 진행되기를 기대합니다.

이번 학술회의에 발표와 논찬을 맡아주신 여러 선생님들께 감사드리며, 대회를 함께 주최해 주신 한국기독자교수협의회 이종오 회장님을 비롯한 관계자 여러분께도 깊은 감사를 드립니다. 끝까지 자리를 함께 하시어 한국종교의 미래를 위한 진지한 토론과 고견을 들려주시면 감사하겠습니다.

끝으로 본 학술대회의 발표논문과 토론을 위한 논찬글을 기꺼이 출판해 주신 동연출판사의 김영호 사장님과 편집진, 그리고 불자교수연합회 간사이신 이승은 님에게 고마움을 표합니다.

인사의 말씀

# 자기 종교 비판과 이웃 종교에 대한 존중의 자세를

이종오 교수(한국기독자교수협의회장, 명지대 교수)

존경하는 한국불자교수연합회와 한국기독자교수협의회 교수 여러분!

그리고 이 뜻 깊은 행사에 참석해 주신 내외귀빈, 불교 스님과 기독교 성직자, 수도자 및 불교, 기독교 신자와 학생 여러분!

오늘 이곳 한국불교의 자랑이자 중심인 조계사에서 '제2회 한국불자교수와 한국기독자교수 공동학술모임'이 성황리에 열리게 된 것을 매우 뜻 깊게 생각하면서 여러분 모두를 크게 환영합니다.

작년 제1회 대회에서 '인류의 위대한 스승으로서 붓다와 예수'라는 주제에 이어, 올해 제2회 대회에서 두 종교의 궁극적이고 핵심적인 주제가 되는 '구원과 해탈'이라는 주제를 중심으로 모임이 열리게 되어 기쁘게 생각합니다.

해가 갈수록 규모가 커지고 내용도 알차게 준비되고 있어, 앞으로 한국의 대표적 종교인 불교와 기독교 지성들의 대화 모임으로 더욱 발전할 것이라고 기대하고 있습니다.

세계는 여전히 갈등과 대립 그리고 분쟁이 계속되고 있습니다. 고대문명의 발상지라고 하는 이집트, 메소포타미아를 중심으로 하는 지중해문명권은 언제나 제국들의 확장으로 전쟁과 약탈이 끊이지 않았으며, 아시아문명권도 제국의 팽창의 역사로 이어져 왔습니다. 특히 중세 기독교 유럽국가들이 11세기부터 십자군 전쟁을 일으켜 이슬람 국가들에 대한 오랜 전쟁과 살육이 있었으며 15세기 말부터는 근대 유럽국가들의 아시아, 아프리카, 남미 등의 전 지역에 대한 식민지화와 이 과정에서의 전쟁과 약탈의 역사가 20세기 세계대전까지 이어져 왔습니다.

가깝게는 오백년, 멀리는 천년이 넘는 긴 세월 동안 유럽국가들은 세계지배를 위한 끊임없는 정복전쟁을 수행해왔고, 이들이 인적, 물적 자원들을 빼앗아 간 것은 실로 엄청난 것이었습니다. 전쟁과 지배의 역사 한가운데에 특히 기독교가 그 중심과 첨병의 역할을 해왔으며, 토착문화와 종교를 억압하고 배척해 왔다는 것은 창피스러운 일이 아닐 수 없으며, 반성의 성찰을 하게 됩니다.

이렇듯 기독교가 유럽인의 지배를 세계적으로 확장해 나가는데 있어서 '예수 그리스도를 통한 구원', '우상숭배 금지'라는 논리를 지배이념으로 사용되지는 않았는지 신학적 성찰과 역사적 재평가가 있어야 할 것입니다.

인간의 본질은 먼 옛날이나 오늘이나 별로 달라진 것이 없어 보입니다. 인간은 여전히 이기심과 질투심, 음욕, 거짓, 해악스러운 마음에 지배당하고 있으며, 이로 인해 마음의 고통을 겪고 있습니다. 이것을 기독교는 죄라고 보며 불교는 번뇌라고 표현합니다. 인간은 이를 벗어나고 극복하기 위하여 절대자인 신에게 의지하기도 하며, 스스로 자성과 깨달음을 통하여 구원과 해탈이라는 세계를 지향하고 있습니다.

불교와 기독교 지성인의 대화는 단순하게 나의 종교를 알리고 이해시키는 수준은 아니라고 봅니다. 자기 종교를 비판적으로 되돌아보고, 반성하고, 진정 종교가 인간을 구원과 해탈로 이끌어 가고 있는지, 아니면 기성 종교의 기득권을 유지해 가기 위해서 교인들과 대중들을 종교의 교리나 이념으로 이용하고 있는 것은 아닌지에 관한 냉철한 자세가 필요하다고 봅니다.

이러한 종교간 대화가 뿌리를 내리게 된다면, 종교간에 서로 배타적이지 않고 서로 존중하며, 진정으로 인간의 마음이 종교로 인해 새로워지고 해탈과 구원을 경험하는 계기가 될 것을 기대합니다.

저는 한국에서 오랜 역사를 이어온 불교와 서방에서 들어온 기독교의 지혜롭고 성숙한 만남을 통해서 평화와 화해의 세상을 만들어 가려는 이 공동학술 행사가 꼭 성공할 것이라고 확신합니다.

이번 행사를 주관하는 불자교수연합회 회장이신 김용표 교수님과 회원 모든 분들과, 이번 학술발표에 참여자로 수고하시는 양측 교수님들에게 진심으로 격려의 말씀을 올리며, 함께 자리에 참여하신 기독자교수협의회 모든 분들에게 진심으로 감사의 말씀을 드립니다.

다시한번 불교-기독교 공동학술 대회에 참석하신 모든 분들을 환영하면서, 부처님의 자비와 그리스도의 사랑이 내내 함께 하기를 빕니다. 감사합니다.

## 차례

**축사**

# 대화를 통한 종교간의 화해와 평화

혜총 스님(대한불교조계종 포교원장)

존경하는 한국기독자교수협의회 회원 여러분과 한국교수불자연합회 회원 여러분, 안녕하십니까!

삼라만상 두두물물에 신록의 푸른 향기가 더욱 생명력을 더해주고 있는 계절인 오늘, 대한민국을 대표하는 기독교 교수와 불교 교수들이 모여 종교 간의 화해와 평화를 위해 공동학술대회를 개최한 것을 진심으로 축하드립니다.

또한, 오늘의 학술대회 준비를 위해 다방면으로 애를 쓰신 한국기독자교수협의회 회장 이종오 교수님이하 관계자 여러분과 한국교수불자연합회 회장 김용표 교수님이하 임직원 여러분들의 노고에도 깊은 감사를 드립니다.

오늘 두 번째를 맞이하는 기독교·불교 교수 공동학술회의에서 종교간 대화와 협력이 절실히 요구되고 있는 현재의 상황에서 한국을 대표하는 두 종교의 학자들이 모여 종교간 대화를 통해 서로를 이해하고, 화합하는 장을 마련한 것은 매우 중요한 일이라 할 수 있습니다.

지난 해 '인류의 위대한 스승으로서의 붓다와 예수'를 주제로 두 종교간 이해를 모색하였고 그 성과는 대단했던 것으로 알고 있습니다. 그러한 바탕위에 금년도는 '우리의 구원과 해탈, 그 현재적 의미'라는 주제를 통해 두 종교간 궁극적인 목표인 구원과 해탈을 개인적 차원과 사회적 차원으로 조명해 보고자 한다고 들었습니다.

세계 도처에서 현재도 여러 종교문제에 기인한 끊임없는 갈등과 충돌이 일어나고 있고, 한국에도 종교간 분쟁과 불화가 확대될 요인이 상존하고 있는 현실에서 이렇듯 종교간 이해를 찾고자 함은 다종교 사회인 우리나라에서 종교간 갈등을 극복하는 기폭제로서 그 의미는 매우 크며, 성숙한 종교인의 자세로서 사회의 모범으로 자리매김할 수 있다고 생각합니다.

따라서 오늘 한국 종교를 대표하는 불교와 기독교계의 최고 지성인들이 함께 모여 두 종교간 이해를 위해 매년 주제를 정하여 서로 대화를 모색하는 학술대회는 실로 시의적절한 일이라 하겠습니다.

이제는 이 학술대회가 더 나아가 양 종교의 대화를 통해서 제시된 대사회적 가치관, 윤리관 및 종교관이 사회곳곳에 전달되어지고, 또한 두 종교의 학자간에 활발한 교류와 협력이 세계 종교평화의 초석이 되기를 기원해 봅니다. 아울러 위대한 종교가 모두 보편적 사랑과 그 실천을 가르치고 있으며 모든 생명에 대한 자비심과 평화를 강조하듯이, 이 시대의 위대한 종교로서 기독교, 불교가 앞으로는 다른 종교와의 연대도 모색하여 대화의 장이 더 넓어지는 계기가 되었으면 하는 바램도 가져봅니다.

끝으로 다시 한번 더 이 학술대회를 통하여 종교간 장벽이 허물어지고, 서로 이해하고 존중하는 성숙된 종교인의 길을 제시해주기를 강조함과 동시에, 이러한 학술대회가 꾸준히 지속되고 발전하여 일반 종교인들로 확대되어 한국종교계의 새로운 희망으로 자리매김할 수 있기를 기원합니다.

불기 2551(2007)년 4월 27일

축사

# 우리가 서로 얼마나 다른가를 드러내 주십시오

권오성 목사(한국기독교교회협의회 총무)

올해 두 번째로 맞이하는 한국불자교수연합회와 한국기독자교수협의회의 공동학술대회를 진심으로 축하합니다.

서로 다른 이웃 종교들이 대화를 할 때 서로 다른 점은 언급하지 않고, 서로 같은 점을 찾는 노력을 해야 합니다. 그 때 떠오르는 말이 '교리는 우리를 나누어 놓고, 실천은 하나 되게 만든다.'는 말입니다. 대화의 초기에는 서로 다른 종단들끼리 만나는 것 자체에 기뻐하고 흥분하며 의미를 부여합니다. 생활 윤리, 세상을 향한 실천이 내용적으로 같다는 사실을 중요하게 여기게 됩니다. 서로 다른 점이 있지만 그 사실을 부각시키지 않습니다. 공통점에 기반을 두고 만나고, 대화합니다. 상대방을 자극하지 않으려고 노력합니다. 예를 들어 불교의 자비와 기독교의 사랑은 같은 것이라는 성찰을 중요하게 여깁니다. 혹은 어려운 이웃을 돕는 사업이나 민족 통일과 평화를 위한 일을 할 때 종교를 뛰어넘어 하나가 됩니다. 이렇게 되면 종교가 그 사회의 통합과 발전의 역할을 감당하게 됩니다.

그런데 세계 여러 곳에서 종교를 내세운 갈등과 테러, 전쟁이 있습니다. 그런데 그 내용을 들여다보면 대부분 종교간의 문제가 아닙니다. 사회 모순이 종교라는 외피를 입고 대립하고, 폭발하는 경우가 대부분입니다. 여기에 근본주의라는 덧칠을 하고 나면 더 심각해집니다. 종교가 사회 갈등의 치유자가 되기는커녕 오히려 갈등의 당사자가 됩니다. 그런 점에서 차이를 드러내지 않고, 공동의 실천을 통해서 종교인들이 하나가 된다는 것이 참으로 소중합니다. 우리나라와 같은 다종교 사회에서는 서로 다른 종교가 크게 갈등하지 않고 공존하며, 그 사회에 화해와 상생의 기운을 불어 넣는 것이 참으로 중요합니다. 종교가 다른 학자 여러분들의 대화가 우리 사회에서 그런 역할을 하고 있는 것에 감사를 드립니다.

그런데 종교간 대화에 또 다른 방식이 있습니다. '우리가 서로 다르다'는 사실을 분명하게 드러내는 것입니다. 두 종교가 각각 다른 자리에 서 있다는 것을 인정하는 것입니다. 서로 다른 것을 무조건 같은 것이라고 하는 것이 아니라 서로 '차이'를 분명히 해야 할 때가 있습니다. 있는 그대로 상대방 모습이 무엇인지 정확하게 알고, 서로 다른 정체성이 무엇인지를 이해할 때 그 다른 정체성까지 포용할 여지가 있기 때문입니다. 상대방을 있는 모습 그대로 인정할 때, 또 서로 다르지만 소중한 가치가 있다는 사실을 받아들일 때, '그럼에도 불구하고' 함께 공존하는 방식이 나옵니다. 그럴 때 상대방의 현재 존재하는 양식을 받아들일 수 있고, 서로 협력까지 할 수 있습니다.

이번 공동학술대회가 '오늘 우리에게 구원과 해탈은 무엇인가?' 하는 주제로 열리는 것이 그런 점에서 의미가 있습니다. 기독교의 핵심 교리는 구원입니다. 이와 대응되는 것이 불교에서는 해탈이라고 알고 있습니다. '어떻게 해야 구원/ 해탈에 이를 수 있고, 구원/ 해탈의 상태는 어떤 것이고, 구원/ 해탈이 인생과 역사에서 무엇을 의미하는지?'

이밖에도 개인적으로 궁금한 것이 많습니다. 기독교에서 구원은 하나님을 떠나서는 불가능한데 불교의 해탈에는 하나님이라는 존재가 개입될 여지가 없는 것으로 알고 있습니다. 인간의 죄와 인간의 번뇌가 서로 다른 것이고, 십자가 은혜와 깨달음이 같을 리 없습니다. 한 인간의 존재가 하나님 나라 백성이 되는 것과 윤회에서 벗어나는 것을 동일한 것이라고 말할 수 없습니다. 부활한 영적인 몸과 성불(成佛)한 존재를 어느 누가 같은 것이라고 우길 수 있겠습니까? 이렇게 우리가 상식적으로 보더라도 구원/해탈은 서로 많이 다릅니다. 그런데 이런 차이가 '사실은 똑같은 것인데 종교 체계와 표현하는 언어가 달라서 다른 것으로 보이는 것인지?' 아니면 '한 쪽이 위(僞- psuedo)이고, 다른 쪽이 정(正- ortho)이어서 그런 것인지?' 이 학술대회를 통해서 대답을 듣고 싶습니다. 오늘은 그저 서로 다른 종교를 가진 사람들이 만나니까 참 좋고, 우리가 다 비슷하다는 결론을 내리는 자리가 되지 않고, 논문을 쓸 때 주를 달아서 그 근거를 제시하는 자세처럼 치열하게 공방을 벌였으면 합니다. 그래서 서로 다른 점까지 확인해야 서로 다름에도 불구하고 한국의 양대 종교 간에 상호 이해와 협력의 물꼬가 트이게 됩니다. 서로 다른 정체성을 출발점으로 삼아 새로운 형태의 상생을 이룰 수 있는 길이 열립니다.

특별히 한국기독자교수협의회는 70, 80년대에 한국의 민주화 과정에 깊숙이 참여하면서, 사회 정의와 우리 사회 약자들의 고통에 함께 했던 역사를 갖고 있습니다. 한국불자교수연합회도 한국 불교의 새로운 정립을 위하여, 새로운 사고와 가치관을 갖고 대화문명의 시대를 열어가고 있다고 알고 있습니다. 두 학술단체가 서로 협력하여 종교가 우리 사회에 희망이 되고, 긍정적인 빛을 던져주는 계기가 되기를 바랍니다.

다시 한 번 더 이 학술대회를 통해서 두 종교가 서로 얼마나 다른가를 드러내 주십시오. 열띤 토론과 논쟁을 통해서 생산적이고 유익한 결과를 나오기를 기대합니다. 그동안 두 종교의 학술단체를 발전시키고 본 대회의 준비를 위하여 노력하신 김용표 회장님과 이종오 회장님, 그리고 관계자 여러분의 노고에 경의와 격려의 말씀을 드립니다.

**축사**

# 지리산에 오르는 여러 갈래 길

홍승기 교수(불교방송 사장)

오늘은 참 행복한 날입니다. 서로를 배려하는 분들이 모이다 보니 님들의 온화한 미소가 이곳 역사문화관을 꽉 채우고도 넘쳐납니다.

종교간 대화와 협력이 절실히 요청되는 이 시대에, 양대 종교의 지성인들이 모여 화해와 이해를 위한 공통분모를 확대해감으로써 우리 사회에 대화의 모델을 보여주는 실천의 장이 되기를 기대합니다.

세계교회는 종교다원주의를 포용해오고 있지만 국내에서는 지난 1977년 당시 감신대 목회자들의 노력이 수포로 돌아간 이후 지금까지 신자들의 정서를 이유로 세계교회의 이같은 움직임을 심도 있게 펼쳐오지 못했습니다.

서로 상이한 문화와 역사적 배경 탓으로 인식의 차이점은 다소 있을지라도 기독교와 불교는 많이 닮아있고 서로 배워야 할 점이 많습니다. 서로를 칭찬하고 배려하면서 여전히 존재하는 종교간 갈등문제에 대한 진단과 처방을 모색했으면 합니다.

지리산을 오르는 길은 여러 갈래가 있습니다. 구례 화엄사 노고단, 백무동, 피아골, 뱀사골, 칠선계곡, 중산리 등 12개 코스 정도 있는 것으로 기억합니다만 제각기 올라가는 맛은 다릅니다. 산길을 걸으며 각자 느끼는 감흥은 다르겠지만 천왕봉에서 맞이하는 운무와 일출의 장관은 대동소이합니다.

그런데도 왜 사람들은 여러 갈래로 올라갈까요. 이는 각자 처해진 인연, 즉 지리산까지 출발한 장소와 산세에 대한 호, 불호에 따른 선호 탓 아닐까요. 이처럼 우리는 각자의 인연에 의해 만난 여러 성인들의 가르침을 따르지만 그 가르침이 추구하는 궁극적인 목표는 같을 것입니다.

지금은 한국을 대표하여 두 손을 맞잡았지만 이런 반가운 노력들이 모여 언젠가는 모든 종교인들이 함께 모여 둥글게 어깨동무할 날이 오겠지요.

부처님도 ≪잡아함경≫에서 좋은 벗이 있고 착한 동료와 함께 있다는 것은 이 성스러운 길의 전부라고 하셨습니다. 모쪼록 오늘의 이 미소가 연(緣)이 되어 밝은 햇볕으로 돌아오기를 두 손 모아 기원 드립니다.

제1부

# 기독교의 구원

## 구원, 오늘 우리의 : 이찬수(종교문화연구원)

Ⅰ. 들어가는 말
Ⅱ. 오늘 우리
Ⅲ. 나와 우리
Ⅳ. 관계성의 구체화
Ⅴ. 서로주체성
Ⅵ. 비구원적 상황과 본래적 구원
Ⅶ. 구원의 타력적 측면
Ⅷ. 관계의 논리
Ⅸ. 영생, 부활, 죽음
Ⅹ. 나가는 말

## 〈논찬〉 지금 이 자리에서의 우리 모두의 구원/해탈 : 우희종 교수(서울대)

들어가며
마음 나누기
1. 나와 우리
2. 관계성의 구체화
3. 서로주체성
4. 비구원적 상황과 본래적 구원 그리고 구원의 타력적 측면
5. 관계의 논리 및 영생, 부활, 죽음
묶는 말

# 구원, 오늘 우리의

이찬수(종교문화연구원장)

## Ⅰ. 들어가는 말

이 글에서는 이번 학술대회의 주제인 "오늘 우리의 구원과 해탈"을 '나'는 어떻게 보고 있는지 정리해보고자 한다. 내가 기독교적 배경 속에서 성장했고 여전히 기독교적 정체성을 지니고 살고 있는데다가, '기독자교수협의회'에서 제안 받아 하는 발표문이지만, 그렇다고 해서 기독교적 구원론을 다루려는 것은 아니다. 무엇보다 기독교 전통 안에도 다양한 구원관이 있어왔으며, 그만큼 무엇이 기독교 구원론인지 객관적으로 규정하기도 힘들기 때문이다. 짧은 지면에 내가 종합한다고 종합되는 것도 아닐 만큼 가장 광범위한 개념이기도 하기 때문이다. 다만 구원의 핵심은 일단 개인 안에서 벌어지는 내면적 사건에 있는 만큼 일단 기독교 전통 안에서 성장해온 나의 속생각을 적어보는 방식으로 "오늘 우리의 구원" 문제를 정리해보고자 한다. 그러는 가운데 기독교적 구원론이 적절히 드러나는 글이 될 수 있기만을 바랄 뿐이다. 그러면서도 불교로 인해 세계관의 확장과 심화를 경험해온 만큼, 가능하다면 불자가 친근하게 여길만한 기독교 구원론이 될 수 있다면 더욱 좋겠다.

## Ⅱ. 오늘 우리

'오늘 우리'라는 말에는 시간성과 관계성이 적절히 어우러져있다. 시간이란 어떤 사실이 지속되고 있음을 감각기관을 통해 체험하는 한 양식이다. 어떤 사실들에 대해 순간순간 반응하는 몸의 경험이 연속적으로 이루어지는 것을 두고 흔히 '시간이 흐른다'는 식으로 말하는데, 중요한 것은 이러한 시간 체험의 양상이 저마다 다르다는 것이다. 그런 점에서 '오늘 우리'라 하지만 그 때의 '오늘'은 엄밀하게 말해서 우리 모두에게 동일한 시간은 아니며, '우리'도 동일한 시간을 살고 있는 것이 아니다. 감각과 해석의 정도가 다르기에 저마다의 시간도 다르며, 그만큼 우리는 다양한 시간들의 집합체일 수밖에 없는 것이다.

그럼에도 불구하고 '오늘'이라고 한다면, 그 때의 '오늘'은 체험적 다양성 내지 관계성에 대한 인식이 심화되고 있는 상황을 일컫는다. 예나 이제나 사람들의 삶의 양식은 다양했고, 의식하든 의식하지 못하든 관계성 안에서 움직여왔지만, 그에 대한 인식의 정도에서는 분명히 차이가 있다. 저마다의 삶 안에 이미 이웃이 들어와 있고, 인간 하나 하나가 자연의 변화에 종속되어 있는 자연의 일부이며, 이러한 관계를 떠나서는 저마다의 삶을 논할 수 없다는 인식이 커지고 있는 때가 '오늘'인 것이다. 관계성에 대한 의식이 심화되고 있는 '오늘'에 대한 논의는 필연적으로 '우리'에 대한 의식을 강화시켜 준다.

물론 지구화 과정이 급속하게 전개되고 있고, 그만큼 "시공간의 압축"(David Harvey)이 일어나면서 지역적 다양성과 개인적 차별성이 무시되는 사태에 대한 반성도 필요하지만, 그것은 본 논문의 일차 관심사가 아니다. 논문 후반부에 일부 다루어보기는 하겠으나, 본 논문은 이번 주제 그대로 오늘 우리에게 구원이란 무엇인지 구원 자체에 초점을 두고자 한다. 이를 위해 '나'는 무엇이며, '우리'의 범주는 어디까지 확장되는지부터 살펴보자.

## Ⅲ. 나와 우리

나는 어디서 비롯되었는지 존재의 근원을 분석해보면, 그 영역은 사실상 우주적 차원으로까지 확장된다.

> '나'는 어디에서 왔으며, 또 어디로 가는 걸까? ……곰곰 생각해보면, '나'라는 존재는 어머니 뱃속에서 태어난 날부터 시작된 것만도 아니고, 내 육체적 죽음으로 끝나는 것만도 아니라는 사실을 알 수 있다. 그 생물학적 기원을 따져보면, 출생 전 태아 상태로 있을 때도 '나'이거나 적어도 나의 근원이고, 어머니와 아버지의 씨앗이 만나 이제 막 꿈틀대기 시작한 그 수정체도 '나'이거나 나의 근원이 아닐 수 없다. 어찌 그것만 나의 근원이겠는가? 난자와 정자를 만들어낸 어머니와 아버지가 없이 어찌 '나'가 있을 수 있겠는가? 그러니 어머니, 아버지 몸의 일부도 '나'이거나 나의 근원이다. 어머니, 아버지뿐이던가? 더 거슬러 올라가면 나의 기원은 조부모, 증조부모에게 연결되고, 더 올라가면 인류의 첫 조상에게까지 연결될는지 모른다.
>
> 시대적으로 소급해 올라가서만 나의 기원이 찾아지는 것은 아니다. 현재 내가 처한 상황의 수평적 관계망 속에도 내 삶이 들어있다. 내가 아침에 먹은 밥 한 공기 없이 어찌 내가 살아갈 수 있겠는가. 밥 한 공기가 내 밥상 위에 오르기 위해서는 하늘의 태양과 내리는 빗물, 땅 속의 양분도 있어야 하니, 내 생명의 기원은 자연 자체로 확

장된다. 게다가 나의 어머니가 처했던 환경, 취했던 양분과 지식이 어찌 오늘의 나와 무관할 수 있겠는가? 따져보면 실상 나를 나 되게 해준 원인은 셀 수 없을 만치 많다. 한 마디로 무한하다. 그 모든 것들이 나를 나 되게 해준 필수적인 원인들인 것이다. 한 마디로 전 우주가 오늘의 나를 나 되게 해주고 있는 것이다.[1)]

나는 이미 우주적 차원의 관계성 안에 처해 있다. 순수한 개체로서의 '나'란 없다. 우주 속의 '나', 우주의 일부로서의 '나'가 있을 뿐이다. 구원론과 관련하여 '나'에 대한 이러한 통찰은 중요한 의미를 지닌다. 이에 따르면 '나'는 타자와 분리된 개체만도 아니고, 또 단순히 생물학적 몸 덩어리를 말하는 것만도 아니다. 위 인용문에서처럼 몸은 우주와의 상관성 속에서 생성되며, '나'는 그 우주와의 상관적 몸이 스스로를 넘어 대상화시킨 정신작용이다. '나'는 몸 안에서 일어나는 몸의 작용이되, 몸을 넘어선 정신적 주체인 것이다. 니시다 기타로(西田幾多郎)가 '나'(我)를 "승화된 신체"라고 부른 적이 있는데, 적절한 표현이라고 생각된다. 그는 말한다. "신체 없이 나(我)라고 해야 할 것은 없다. '나'란 승화된 신체이다."[2)]

'나'는 분명히 정신 작용이다. 그 정신 작용은 몸의 자기대상화 과정이며 흔히 '자의식'이라고 부르는 것이다. 아담과 하와가 벗은 몸을 보고 부끄러워했다는 창세기의 구절을 켄 윌버(Ken Wilber)가 인간에게 자의식이 생기는 과정, 인간이 비로소 인간이 되어가는 과정으로 해석한 것은 경청할 만하다. "에덴에서의 타락"이 아니라, "에덴으로부터의 도약"이라는 것이다.[3)] 물론 이 때 그 '도약'은 우주와의 관계

---

1) 이찬수, 「부활, '웰 다잉'의 한 해석」 《불교평론》 (2005년 겨울호), 현대불교신문사, 58-59쪽,

2) 『西田幾多郎全集』, 東京: 岩波書店, 1965-66, 第十一巻 57頁, 第三巻 543頁.

3) 최준식, 『죽음, 또 하나의 세계』, 서울: 동아시아, 31-42쪽 참조.

성 속에 있는 신체가 '승화'되어가는 과정이 된다.

샤르트르(Jean Paul Sartre)가 인간 실존을 자신의 문제를 의식하고 자신에 대해 물음을 던지는 '대자적'(對自的, für sich) 존재 방식으로 규정했을 때, 그 대자적 존재 방식도 우주와의 관계성 속에 있는 몸의 자기대상화 과정이다. 존재론적으로 '나'는 '관계'의 산물인 것이다. 그리고 이런 여러 '나'들(Is)의 공통분모를 '우리'라 부른다. '우리'라고 하는 것은 대상화된 신체들의 상호 작용과 교감인 것이다. 우리는 나의 '밖'에 있는 것이 아니다. 나와 연결되어 있는 만큼, 나의 '안'에서 파악된 여러 '나들'의 생생하고 역동적인 교집합인 것이다.

단순히 개별 주체들이 뒤섞인다고 '우리'가 되는 것이 아니다. '나'와 '너'가 모여 '우리'가 되지만, 그저 개별적 주체들이 상호 무관하게 모여 있다는 뜻이 아니다. 나와 너의 교집합적 운동, 서로가 서로 속으로 들어가 상호 변화시키며 만들어내는 운동이 우리인 것이다. 돌멩이 여러 개가 한 자리에 모여 있기만 하는 것이 아니라, 비빔밥처럼 다양한 재료들이 서로 녹아들어가 내는 새로운 맛과 같다. 저마다의 고유한 맛이 사라지는 것이 아니라, 도리어 살아남고 종합되고 변화되면서 새로운 맛으로 승화하는 것이다. 우리는 '나'들의 승화된 집합인 것이다.

> 내가 너와 함께 우리가 된다는 것은 나와 네가 고립된 홀로주체성을 벗어나 보다 확장된 공동의 주체성을 형성한다는 것을 의미한다. 하지만 나와 네가 자기의 동일성을 고수하려 한다면 나와 네가 우리가 되는 것은 불가능하다……. 어떤 식으로도 자기를 버리지 않으려 한다면 누구도 참된 주체성에 도달할 수 없다. 오직 너를 위해 스스로 자기를 버리고 비울 줄 알 때 우리는 참된 만남을 향해 나아가게 되는 것이다.[4)]

'우리'란 나와 네가 더불어 형성하는 공동의 주체이다. '우리'는 정적이지 않고 계속 형성되는 역동적인 것이다. 그리고 그 '우리'는 그저 나와 너 두 사람을 일컫는 것이 아니다. '너'는 우주적 차원으로까지 확대되는, 부버(Martin Buber)의 표현을 빌면, "영원한 너"(Eternal Thou), 과학의 언어를 빌리면 사실상 우주이다. '나'는 이러한 우주와의 관계성 속에서의 나이며, '우리'는 사실상 우주적 차원으로까지 확대되는 광범위한 개념이다. '우리'에 대한 이러한 파악은 나의 가장 내밀한 원천 안에서 벌어지고 있는 생동적인 움직임들의 관계성에 초점을 두고 있다.

## Ⅳ. 관계성의 구체화

세상은 아무리 미소한 것이라도 나와 무관한 것은 없으며 삼라만상이 원천적인 관계성 속에 있지만, 이러한 관계성이 반드시 조화로만 드러나는 것은 아니다. 인간에게는 그러한 관계성을 재조작하면서 나를 앞세우는 능력도 있다. '나'가 대상적으로 승화된 신체라는 말도 그 대상화된 나를 다시 조작할 능력이 인간에게 있음을 함축한다. 나를 다시 조작하는 이유는 개체로서의 나의 지속을 위해서이다. 지속할 뿐만 아니라 확대하기 위해서이다. 한 마디로 욕망의 충족과 확대를 위해 나를 다시 조작하는 것이다. 무의식적, 존재론적 차원에서는 이미 얽혀있고 섞여 있고 동화되어 있지만, 의식적 차원에서 그 동화된 자리를 근거로 다시 '나'를 조작하며 '나'를 내세운다. 그렇게 내세워진 '나들'이 모이면서 현상적 차원에서 '우리'라는 것의 실상도 왜곡된다. 내 욕심의 결과 발생한 이웃의 소외와 고통을 외면하면서

4) 김상봉, 『서로주체성의 이념- 철학의 혁신을 위한 서론』, 서울: 도서출판 길. 2007. 288-289쪽.

원천적 관계성은 굴절되는 것이다.

이러한 왜곡은 바로잡혀야 하지만, 그것은 의식적인 차원에서의 내가 원하는 일이 아니다. 바로잡으려면 자기를 남의 기준에 맞추어야 하기 때문이다. 의식적으로 자기를 제한해야 하기 때문이다. 오늘 우리의 구원을 논해야 하는 현실적인 지점도 여기에 있다. 의식적으로 자기를 제한함으로써 '오늘 우리'의 구원은 시작되는 것이다. 넓은 의미에서 보면, 그 왜곡을 바로잡는 것이 "오늘 우리의 구원"이다. 구원은 근원적 관계성에 대한 통찰, 즉 나라는 존재가 이미 너와의 관계성 속에 있음을 통찰하는 데서부터 시작되고, 그렇게 상호 소통하고 있는 인간의 근원적 측면을 구체화시킴으로써 완성되어 가는 것이다. 왜곡된 자아들에 의해 소외된 너를 너로만 보지 않고 자신의 문제로 보는 가운데, 의식적으로 너에게 맞추는 이러한 행위야말로 내적 개인 구원의 징표이자, 사회 구원의 시작이다. 이웃의 고통에 동참하는 데서 구원은 최고의 구체성을 띄어가는 것이다.

> 분명히 말한다. 너희가 여기 있는 형제 중에 가장 보잘 것 없는 사람 하나에게 해준 것이 바로 나에게 해준 것이다 ……똑똑히 들어라. 여기 있는 형제들 중에 가장 보잘 것 없는 사람 하나에게 해주지 않은 것이 곧 나에게 해주지 않은 것이다.(마태 25: 40.46)

이웃의 고통에 동참하는 것이 인간 구원의 최고 형태이다. 그것이 관계성의 구체화이며 인류의 연대성의 실현이다. 물론 이 때의 연대성은 이익집단의 공동목적을 실현하기 위한 세속적 연대성이 아니다. 도리어 자신의 이익을 제한하거나 포기하고 그 이익을 이웃에게 돌려주는 데서 오는 연대성이다. 만일 현대 사회를 자본의 원리에 따라 시장 논리가 장악하고 있는 사회로 규정한다면, 이 때 종교적인 차원의 연대를 한다는 것은 자본의 원리로부터 소외되고 시장 논리에서 희생되어온 이들과 함께 하는 것이 아닐 수 없다. 하비 콕스(Harvey Cox)가 강조하듯이, "시장이 전체 사회의 우월적인 의미와 가치를 창조하는 기구, 곧 신으로서의 시장으로 부상하는"5) 오늘날 "가장 보잘 것 없는 사람"이란 시장이라는 신의 은총에서 가장 멀어진 사람들이라고도 할 수 있다. 그렇다면 오늘날 연대성의 실현을 위해서 스스로 실현해야 할 중요한 것 중 하나는 자본의 논리로부터 벗어나는 길이다. 시장이라는 신에 대한 우상숭배를 멈추는 것이다. 자기 확장의 상징인 욕망으로서의 '맘몬'을 과감하게 놓아버릴 것을 우리의 근원적 관계성이 요청하고 있는 것이다.

그렇게 관계성을 자기중심적 주체성의 확장으로 몰아가고자 하는 내면의 흐름을 역전시키는 것이 개인적 구원의 차원이며, 보잘 것 없는 듯해도 이미 내 안에 충분히 들어와 있는 작은 힘들 앞에 겸허해지고 그 힘들을 내 안에 받아들이는 것이 사회 구원의 시작이다. 겸허해질 뿐만 아니라 그 작은 힘들을 나의 주체로까지 높일 수 있는 행동이 사회적 구원의 핵심인 것이다. "상구보리 하화중생"(上求菩提 下化衆生)의 보살도가 전형적으로 그런 자세를 보여준다. 존 힉(John Hick)이 구원을 "자기중심성(self-centeredness)에서 실재중심성(Reality-centeredness)으로의 전이"로 포괄적으로 서술하면서 이 "전이"를 사실상 근원적 관계성에 대한 통찰, 특히 예수가 그랬듯이, 소외된 이들의 삶을 자신의 삶으로 받아들여 굴절된 관계성을 바르게 펴는 행위라고까지 함축적으로 말한 것은 당연하다. 실재중심성으로의 전이는 폴 니터(Paul Knitter)와 변선환이 강조했듯이, 이웃에 대한 해방적 실천으로 나타날 때 그 가치를 인정받는다. 이렇게 사회 구원은 또 다른 개인 구원의 촉매제이며, 그것은 더 크게 통합된 사회구원으로 이어져가는 것이다. 구원론적

5) 브라이언 파머 외 엮음, 『오늘의 세계적 가치』, 신기섭 옮김, 서울: 문예출판사, 2007, 264쪽.

실행 능력, 즉 "인간 실존의 자기중심성에서 실재중심성으로의 전이"를 얼마만큼 '실천하느냐'에 종교적 규범성이 달려있다고 말한 힉의 평가는 여전히 옳다.

## V. 서로주체성

이러한 관계 내지 만남은 어느 하나를 희생시키는 억압이 아니라 서로를 살리는 공감이다. 이 만남 속에서 융합된 주체성, "만남 속에서 생성되는 주체성"을 김상봉은 "서로주체성"이라 부른다.[6] '홀로주체성'에 머물지 않고 자신을 자발적으로 제한해 이웃의 요구에 부응할 줄 아는 주체성이다. 그러한 행위는 이웃을 주체로 삼는다는 점에서 수동적인 행위이기도 하지만, 자신의 의식적 자발성을 전제로 한다는 점에서 주체적인 행위이기도 하다. 이웃의 고통을 나의 고통으로 삼을 수 있는, 인류의 연대성에 대한 책임을 공동으로 받아들일 수 있게 해주는 서로주체성의 개념을 김상봉은 이렇게 정리하고 있다.

> 우리가 여기서 새로이 추구하려는 서로주체성은 오로지 타자적 주체와의 만남을 통해서만 생성되는 주체성이다. 나는 오직 너와의 만남 속에서 우리가 됨으로써만 참된 의미에서 내가 될 수도 있다. 여기서 나와 네가 우리가 된다는 것은 나와 네가 우리 속에서 자기의 주체성을 전적으로 양도하고 객체로 전락한다는 것을 뜻하지 않는다. 다시 말해 나와 네가 만나 우리가 된다는 것은 이제 우리만이 주체이고 나와 너는 그 우리라는 공동주체성의 속성으로 전락한다는 것을 뜻하는 것이 아니다. 서로주체성은 한편에서는 나와 네가

6) 김상봉, 앞의 책, 21-22쪽.

서로 만나 보다 확장된 주체인 우리가 된다는 것을 표현하는 이름인 동시에 나와 네가 서로서로에게 그리고 더 나아가 나와 네가 우리에 대해 동등한 주체라는 것을 표현하는 이름이기도 하다.[7)]

우리가 오직 만남 속에서 주체로서 존재하게 된다는 것은 내가 너와의 만남 속에서만 참된 의미에서 나의 주인으로서 존재하게 된다는 것을 의미한다. 이런 입장은 "오늘 우리의 구원"을 논할 때의 '우리'의 개념을 잘 나타내주고 있다. 앞에서도 보았듯이, '우리'는 홀로 주체성들의 단순 집합이 아니라, 이미 상호성 속에 처해서 서로가 서로의 주체로 작용하고 있음을 깨달은 서로주체성들의 융합이다. 서로주체성은 나와 너를 상호소통하면서도 대등한 관계로 본다.

그리고 '오늘'은 이런 '우리' 의식이 심화되어가고 있는 때를 말한다. 그렇다면 40여 년 전에 캔트웰 스미스도 지적했듯이, "오늘날 인류가 하나로 묶여있다는 자각은 공상이 아니라 하나의 현실이며, 곧 우리 각자는 인류 전체의 발전 과정 속에 참여하고 있는 것이다."[8)]라는 말에서 더욱 현실감을 읽어낼 수 있어야 할 것이다.

## Ⅵ. 비구원적 상황과 본래적 구원

그럼에도 불구하고 불행하게도 현실로 눈을 돌리면 의식적 차원에서 홀로주체성들의 무한 경쟁이 더 두드러진다. 오늘 우리의 구원을 말해야 하는 상황은 오늘 우리가 비구원적 상황 속에 있음을 뜻한다. 구원되어야 할, 비구원적 현실 내지 상황 속에 처해있는 것이다. 병이

7) 김상봉, 앞의 책, 234쪽.

8) 윌프레드 캔트웰 스미스, 『지구촌의 신앙』, 김승혜, 이기중 옮김, 분도출판사, 141쪽.

있기에 의사가 있고, 병원이 있다는 것은 병이 있다는 것을 말해주듯이, 틸리히(Paul Tillich)의 표현대로, 인간은 "존재의 근원에서 소외"되어 있으며 "비존재의 위협"을 경험하고 있다는 것이다.[9] 수행자들이 있다는 것은 그들이 괴로움(dukkha) 속에 처해있거나 괴로움 속에 처한 세계의 실상을 통찰하고 있다는 뜻이다.

이러한 상황 속에서의 구원론에는 두 가지 차원이 있다. 그 하나는, 현실이 비구원적 상황 속에 있기에 구원은 현실 '밖'에서 온다는 주장이고, 다른 하나는 인간 '안'에 부여되어있는 본래적 차원을 회복함으로써 구원이 이루어진다는 주장이다. 전자는 기독교, 특히 개신교의 전형적인 구원관으로서 다음 글에 잘 반영되어 있다.

> 우리가 가진 자원이 제한되어 있음으로 인해서 발생하는 악과 고난의 문제를 그 제한된 인간의 자원으로 해결할 수 있다는 것은 논리적 모순입니다. 그렇기 때문에 우리 인간의 구원은 인간의 내재된 힘으로 일어지는 것이 아니라, 인간 밖에 있고 우주 밖에 있는 하나님으로부터만 올 수 있습니다. 우리 밖에서(extra nos), 우리를 위해서(pro nobis) 구원의 힘이 와야 합니다. 우리 밖의 무한한 힘을 가진 초월자로부터 우리를 위해 오는 것이어야만, 즉 오직 은혜로 올 때 우리 인간에게 구원이 이루어집니다.[10]

초기 칼 바르트(Karl Barth)를 위시하여[11], 이러한 시각은 기독교인들의 가장 일반적인 구원관이다. 만일 현실이 비구원적 상황 속에 있다면, 구원이 현실 '밖'에서 오는 것은 얼핏 당연해 보인다. 물론 여

9) Paul Tillich, *Systematic Theology*, vol.2. (University of Chicago Press, 1967), pp.118-119.

10) 김세윤, 『구원이란 무엇인가』, 서울: 두란노, 2007, 28-29쪽.

11) Karl Barth, *Church Dogmatics I/2*, pp.350, 357.

기에도 문제는 있다. 특히 위 인용문의 저자가 "불교나 이슬람교, 힌두교 같은 기타 다른 종교들의 모든 사건은 역사 속에서 일어난" "상대적인 의미밖에 없는 사건"이며, "하나님께서 예수님이 곧 우리를 위한 구원자라고 선언하셨으므로, 유독 이 사건만이 절대적인 구원의 사건"[12]이라며 '오만하게' 발언할 때 문제는 심각해진다. 구원의 힘이 오로지 '밖'으로부터 와야 하고 그것이 기독교 안에서만 가능하다는 주장에는 논리적 모순들이 두드러진다. 기독교라는 역사 내 조직이 절대적인 구원의 사건이라 말하는 근거는 무엇인가? 더 나아가 무한한 힘을 가진 초월자가 제한된 인간 안에 들어오는 논리는 무엇인가? 무한한 초월자가 제한된 인간 안에 들어올 수 있으려면 인간이야말로 애당초 무한한 초월자와 교감할 수 있는, 무한한 가능성을 지닌 존재라고 전제해야 하는 것 아닌가? 무한한 초월자와 교감할 수 있는 능력을 지니는 존재는 무한자로부터 오는 구원의 가능성 역시 자신 '안'에 두고 있을 수밖에 없다. 그래야 그 구원이라는 인간적 사건도 진정한 것이 될 것이기 때문이다.

그렇다면 인간의 구원은 비구원적 상황 '밖'이 아니라 '안'에서, 더 '깊고 깊은 안'에서 온다고 보아야 할 것이다. "하느님이 모든 사람이 구원을 받고 진리를 깨닫게 되기를 원하신다."(1디모데 2:4)는 바람은 애당초 구원의 가능성이 인간 안에 부여되어 있다고 전제할 때 가능한 것 아닌가. 이러한 물음을 던지는 기본자세가 두 번째 기독교 구원관의 기초를 이루고 있다. 칼 라너(Karl Rahner)를 위시하여 가톨릭 신학은 대체로 이러한 경향을 보여준다. 인간은 이미 존재론적으로 하느님과 관계 맺어져 있고 선험적으로 고양되어 있는 까닭에 구체적인 존재자로서의 인간이 실존적으로 하느님을 알고 신앙할 수 있게 된다는 것이다.[13] 이것이야말로 기독교의 근본 신념이자 온 인류

12) 김세윤, 앞의 책, 50-51쪽.

가 처한 "실존론적인 상황"이며, 하느님과의 신비적인 합일이 가능한 근거가 된다는 것이다.

실제로 성서에서도 "하느님이 세상을 사랑하신다"(요한 3:16), "하느님이 함께 하신다"(임마누엘), "하느님은 사랑이시다"(1요한 4:8), "만물이 말씀을 통해 생겨났고 말씀 없이 생겨난 것은 하나도 없다"(요한 1:3), "우리는 그 분 안에서 숨 쉬고 움직이며 살아간다"(사도 17:28) 등등의 표현이 등장한다. 이것은 원칙적으로 신분, 종파, 남녀노소를 막론하고 모두에게 적용되는 원천적 현실이다. 모두가 하느님의 형상대로 창조된 귀한 피조물이기에, 암울한 상황으로 끝나버리지 않고, 현재의 비구원적 상황을 역전시킬 수 있는 가능성이 누구에게나 주어져 있다는 논리 위에 서 있는 구절들인 것이다. 그런 점에서 구원에 관한 한 인간은 이미 이긴 것이나 다름없는 싸움을 싸우고 있는 셈이다.

수운 최제우의 "시천주"(侍天主)나 여기서 발전시킨 의암 손병희의 "인내천"(人乃天) 사상도 긍정하든 부정하든 인간 실존 안에 부여되어 있고 완성되어 있는 근원적인 사실이다. 그러기에 인간은 원칙적으로 누구나 귀하다. 여기에 신분, 종파, 남녀노소가 따로 있으랴. 해월이 "이웃을 하늘처럼 섬기며"(事人如天) 살아야 한다고 제기한 것도 인간은 본래 하늘을 모시고 있는, 하늘과 같은 존재이기 때문인 것이다. 『대승기신론』(大乘起信論)의 표현을 따르건대, 인간은 이미 깨달아 있기에(本覺) 비로소 깨달을 수 있고(始覺), 비로소 깨닫는다지만 이미 그렇게 되어 있기에 가능하다는 말이다.

그런 점에서 에드워드 윌슨이 인문학을 자연과학 속으로 대통합하려는 나름의 시도를 하면서도 특히 종교는 초월론으로, 과학은 경험론으로 이분화시켜 대립적으로 설명하는 것은 문제이다.[14] 칸트 이래

---

13) 이찬수, 『인간은 신의 암호』, 왜관: 분도출판사, 1999에서 이런 문제를 집중해서 다루고 있다.

초월론은 경험론을 배제하지 않고, 경험론도 초월론과 분리시켜 설명할 수 없다는 것을 잘 알고 있기 때문이다. 초월에 대한 주장도 이미 인간 안에 주어져 있는 것으로 간주되는 사실에서 비롯되고, 경험론적 주장도 언제나 새로운 가능성 앞에 개방적이어야 한다는 점에서 초월론적 특징을 지니고 있기 때문이다.

## Ⅶ. 구원의 타력적 측면

어찌되었든 분명한 것은 이미 그렇게 되어있는 데서 출발한다는 점에서 구원은 주어져있는 것이다. 구원은 이미 이루어져 있는 승리의 가능성 위에서 이루어지는 일이다. "우리는 그 분 안에서 숨 쉬고 움직이며 살아간다"(사도행전 17:28)는 구절에서처럼, 하느님이 인간 존재의 근거이자 동시에 목적이기도 하다. 하느님을 근거로 하여 하느님을 향해 나아가는 것이다. 하느님 안에서 하느님을 근거로 살아간다는 점에서 구원은 완성이자, 하느님을 향해 나아간다는 점에서 구원은 과정이다. 물론 구원은 하느님을 향해 나아가는 과정이지만, 그것은 이미 주어진 데서 출발한다는 점에서, 그리고 기독교적 표현을 쓰자면 결국 하느님에 의해 이끌어지고 추동되는 것이라는 점에서, 구원은 자력적이기 보다는 근원적으로 타력적이다. 인간 '밖'에서 오기에 타력적이라는 것이 아니라, 인간의 구체적 노력에 선행하여 인간 '안'에 이미 주어진 데서 출발한다는 점에서 타력적이다. 이 점에 있어서는 불교도 달라 보이지 않는다.

흔히 그리스도교는 타력적이고 불교는 자력적이라며 단순히 도식화시키기도 하지만, 그것은 자칫 실상을 왜곡한다. 설명의 편의상 강

---

14) 에드워드 윌슨, 『통섭: 지식의 대통합』, 최재천, 장대익 옮김, 2006, 411-458쪽 참조.

조점의 차이는 있을지언정, 근원적인 차원에서 구원의 양상이 달라지는 것은 아니다. 불교적 구원도 순수한 자력으로는 불가능하다. '순수한 자력'이란 있을 수 없기 때문이다. 그것 역시 주어진다. 인간이 진리를 만들어내는 것이 아니라, 인간 안에 이미 주어져 있던 진리가 스스로를 일으켜 인간의 포착 범주 안에 들어오는 것이기 때문이다. 스미스도 지적하듯이, 붓다의 가르침도 엄밀하게는 발명한 것이라기보다는 발견된 것이다.

> 붓다의 가르침은 서기전 6세기에 시작되었지만, 법(Dhanrma)은 그때 시작되었던 것이 아니라 항상 있어왔다. 그가 가르친 법의 타당성이나 권위는 그가 현명하고 위대한 사람이었다는 사실에 의존하지 않는다. 오히려 그는 선재하는 진리를 깨달았기 때문에 현명하고 위대한 사람이 되었다.[15]

당연히 "만일 영원한 법이 없다면 사람은 스스로를 구원할 수 없을 것이다. 구원하는 것은 선재하는 법, 곧 다르마에 따라 사는 것"[16]이기 때문이다. 그런 점에서 "깨달음이란 본래 깨달을 수 있도록 되어있는 바탕 위에서 기존 경험적 재료들이 적절한 순간에 재배열되면서 일어나는 일이다……. 깨닫는다는 것은 그 동안의 삶의 질서가 본래 그래야 하는 원리에 맞게 재배치되는 것이다."[17] 만일 깨달음이 전적으로 스스로의 힘에 따라서만 성립된다면, 깨달음을 스스로의 힘으로 물릴 수도 있어야 할 것이다. 하지만 인간 안에 본래 그러하도록 주어져있는 이치는 인간의 생각으로 변개되지 않는다. 순수하게

---

15) Wilfred Cantwell Smith, *Faith and Belief*(Princeton University Press, 1979), p.27.

16) Smith, Ibid., p.28.

17) 이찬수, 『생각나야 생각하지』, 서울: 다산글방, 2002(개정판1쇄), 80-82쪽.

자의적으로 깨달을 수 없듯이, 순수하게 자의적으로 깨달음을 물릴 수도 없는 것이다.

> 흥미있는 것은 일단 깨달음을 얻게 되면 그 깨달음은 물리지 못한다는 것이다. 깨달음도 각고 끝에 얻게 되면, 그 다음에 아무 때나 반납할 수 있는 것이 아니다. 내 마음대로, 내 독자적으로 깨달았던 것이 아니듯이, 깨달음의 반납도 내 마음대로 할 수 있는 것이 아니다……. 설령 목사직을 반납하고 신부/수녀 옷을 벗고, 환속을 할 수는 있어도, 깨달음 자체, 믿음 자체를 반납할 수는 없는 일이다. 생겨난 것이 내 맘이 아니었듯이, 반납도 내 맘대로 되는 것이 아닌 탓이다. 그런 점에서 깨달음도 믿음도 선물/은총인 것이다.[18]

이것은 깨달음의 수동적(受動的) 측면을 말해준다. 그 어떤 힘 내지 원리에 의해 그렇게 이루어지는 것이다. 나의 자의식보다 깊은 곳에서 나의 자의식에 선행하던 어떤 힘이 솟아나오기에 타력적이라 말하는 것이다. 가령 정토불교의 시각을 서양철학과 조화시키며 "참회도로서의 철학"으로 구체화해낸 타나베 하지메(田邊元)는 이렇게 말한다:

> 참회는 내 자신의 행위임에도 불구하고 내 자신의 행위일 수 없다. 그것은 내 자신의 밖에 있는 힘에 의해 자극된 것이다. 이 타력은 내 안에 회개를 불러일으키고, 그 회개는 지금까지 나도 알지 못하던 길을 따라 새로운 방향으로 나를 이끌어간다. 따라서 참회는 나에게 있어서 참회 안에서, 그리고 참회를 통해서 철학의 새로운 진보를 이루도록 작용하는 타력의 체험을 나타내준다.[19]

18) 이찬수, 앞의 책, 82-83쪽.

타나베가 철학의 핵심으로 간주한 참회의 주체는 '나'라기보다는 '너'이다. 그 '너'가 내 안에서 불러일으킨 전환의 힘이 참회이다. 이것은 나의 행위이지만, 나의 행위라고만은 할 수 없는, 나 너머로부터 오는 힘의 체험이다. 너의 자기 부정이 나의 자기 부정에 선행하면서 나를 자기 부정하게 하는 방식으로 정토를 이룬다는 것이다. 아미타불의 자기 부정적 은총이 인간의 자기 부정적 응답에 선행하면서 인간을 정토로 이끌어간다는 것이다. 진리가 나에 선행하면서 벌어지기에 구원도 인간의 발명품이 아닌, 주어진 선물, 그런 의미의 타력적인 것일 수밖에 없는 것이다.

## Ⅷ. 관계의 논리

무엇이 주어져 있는가? 부버(Martin Buber)가 "태초에 관계가 있다"(Im Anfang ist die Beziehung)고 말한 바 있듯이, 이미 주어져 있는 것은 내 속에 들어와 이미 관계맺고 있는 너이다. 라너의 표현을 빌면, 하느님의 자기내어줌으로서의 은총인 것이다. 애당초 인간은 하느님과 관계를 맺고 있다는 뜻이다. 나의 자의식 이전에 너와의 관계, 그런 의미의 '우리'가 먼저 있으며, 그런 점에서 구원은 근원적 관계성에 대한 통찰이라고도 할 수 있다. 관계성이야말로 생명적 질서이며, 생명적 질서는 상호 관계성 속에서의 상생, 상관적 상생이다. 그렇다면 구원은 상관성 속에서 상생하는 생명적 질서의 온전한 회복인 것이다. 그렇게 해서 '나'도 온전히 회복되는 것이다.

하지만 "오늘 우리"가 구체화해내야 할 상호관계성은 저절로 이루

---

19) Tanabe Hajime, *Philosophy as Metanoetics tr.* Takeuchi Yoshinori,(Berkeley and LosAngeles: University of California Press, 1986), li.

어지지 않는다. 존재론적 관계성이 아닌, 사회적 관계성, 그것도 구원론적 차원에서 이타적으로 맺어지는 관계성은 저절로 '순수하게' 이루어지지 않는다. 그것은 역사와 사회 안에서 벌어지고 있는 너의 자기부정적, 이타적 실천이 승화된 신체로서의 '나' 안에 수용되는 것이다. 예수의 자기부정적 죽음의 사건이 많은 작은 예수들을 만들어내는 이치와 같다. 예수가 역사 안에서 소외된 이웃들과 함께 하다가 죽음에까지 이르게 되었다는 역사적 사건이 예수를 내 안에 받아들이게 해주는 매개가 되는, 즉 예수와 관계를 맺게 해주는 매개가 되는 것이다. 마찬가지로 나와 네가 관계를 맺는 방식도 늘 너의 자기부정적 도덕적 실천이 너를 내 안에 받아들이게 해주는 매개가 되는 것이다.[20] 그렇다면 내 구원의 선행적 사건도 너의 자기 내어줌이다. 너의 내어줌이 내 안에서 너의 수용 내지 나의 변화라는 모습으로 솟아오르는 것이다.

그렇다면 구원은 나를 내세우면서 너를 억압하던 반생명적 자세가 너와의 관계성 속에서 너를 살리는 방식으로 내가 사는 자세로 전환하는 것이다. 좀 더 사회적인 언어를 쓰자면, 개인이 이기적, 자기중심적 삶을 떠나 소외되고 단절된 외로운 사람들과 그 소외, 단절, 외로움을 함께 하는 것이다. 기독교적으로 하면, 그렇게 이웃에 열린 넉넉한 인간이 되는 것이 하나님과 하나 되는 것이다.

> 하느님은 사랑이십니다. 사랑 안에 있는 사람은 하느님 안에 있으며, 하느님께서는 그 사람 안에 계십니다. 하느님을 사랑한다고 하면서 자기의 형제를 미워하는 사람은 거짓말쟁이입니다. 눈에 보이

---

20) 그런 점에서 매개로서의 '종의 논리'를 말하는 일본 현대 불교철학자 타나베 하지메(田邊元)의 철학적 시각은 적절하다. 이상의 '매개론'도 Tanabe Hajime, *Philosophy as Metanoetics tr.* Takeuchi Yoshinori, (Berkeley and LosAngeles: University of California Press, 1986)의 시각을 원용한 것이다.

는 형제를 사랑하지 않는 자가 어떻게 보이지 않는 하느님을 사랑할 수 있겠습니까?(1요한 4:16, 20)

물론 그러면서도 너 앞에서 나를 비우는 단계가 전제된다. 더 거슬러 올라가 비울 나조차 없다는 무아적 깨달음에서 구원의 사회적 모습은 완성된다. 그 최종적인 모습, 즉 역사와 사회 너머에서 있을 것으로 가정되는 구원의 모습은 다음 비슷하게 될 것이다.

본래 존재하지도 않는 '나'라는 환상을 떨쳐내어 '나'라는 가면 혹은 옷을 훌훌 벗어버리면 자기소멸의 두려움은 사라지고 완전히 하느님 품에 안겨 무한한 의식, 순수한 정신으로 무한한 자유와 기쁨을 누리는 것이 진정한 구원일 것입니다. 우리가 하느님과 완전히 하나가 되려면 지상에서의 개인적 기억이 다 사려져야 하고 육체라는 곳, 인격(persona)라는 특수성과 우연성의 가면을 완전히 벗어버려야 한다는 말입니다. 그야말로 순수하고 벌거벗은 영혼으로 하느님과 하나되는 것이지요.[21)]

그럼에도 불구하고 지상의 역사로 돌아오는 순간 구원은 완성이 아니다. 관념의 논리로는 무아적 깨달음에 근거한 전적인 무집착적 순수 행위가 가능하지만, 역사적 실천에서 보자면 모든 것이 과정이다. 인간이 신과 하나된다는 표현을 쓰기도 하지만, 그렇다고 해서 인간적 유한성이 사라졌다는 뜻도 아니기 때문이다. "이제는 제가 사는 것이 아니라 그리스도가 내 안에 사신다"(갈라 2:20)고 말한 바울로가 다른 곳에서는 "나는 죄인들 중에서도 가장 큰 죄인"(1디모 1:15)이라고 말한 것도 비슷한 이치를 보여준다. 그저 겸손한 표현이라기보다

21) 길희성, 『보살예수』, 서울: 현암사, 2006, 150-151쪽.

는 솔직한 표현이다. 그리스도와 하나 된 경지 속에 있다고 해서 자신의 유한성 자체가 사라진 것은 아니다. 그래서 도종환 시인의 노래처럼, "깨달음을 얻은 뒤에도 비오고 바람 분다."[22)]

물론 이 깨달음조차 변화에 열려있고, 새로운 관계를 맺어가는 과정 속에 있다. 그러나 이러한 관계성을 통찰하기 이전의 '홀로주체성'의 행위와는 다르다. 비록 "비도 오고 바람도 불지만" 출발점과 지향점이 분명하고 든든한 까닭에, 가도록 정해진 길을 가게 된다. 깨달음 이후에도 비오고 바람 분다면, 그런 의미의 과정적 수행이 여전히 요청된다면, 과연 그것이 진정한 깨달음이 될 수 있겠느냐는 비판도 물론 나올 수 있다.[23)] 이것은 과연 깨달음이 무엇인지 규정하기에 달린 문제이기는 하지만, 중요한 것은 몸을 지니고 사는 한 감각적 포착의 대상은 늘 유한한 것일 수밖에 없다는 점이다. "깨달음을 얻은 뒤에도 비오고 바람 분다"는 것은 깨달음을 비하하는 비판이 아니라, 역사 내 존재인 인간적 실천의 과정성을 의미하는 것이라고 할 수 있다. 역사 안에 부여되어 있고, 그 안에서 벌어진 일들은 깨달음조차도 피치 못하게 과정적일 수밖에 없다는 것이다.

그럼에도 불구하고 이미 부여되어 있는 신적(神的)/불성적(佛性的) 가능성 위에서 출발한다는 점에서 다 이긴 싸움이나 다름없다. 성서적으로 보건대도 인간은 죽을 수밖에 없는 존재이지만(로마 6:23), 그 죽음의 유한성 넘어 최후로 말하려는 것은 그리스도를 통한 하느님의 구원 계획이다. 인간의 범죄로 인해 생겨난 죽음의 세력보다 그리스도로 인해 주어질 구원의 우주적 지평, 궁극적인 생명의 사건이 더 크다는 것이다.(로마 5:15) 그런 점에서 다 이긴 싸움이되, 끝없는 삶

---

22) 도종환, "돈오의 꽃", 『해인으로 가는 길』, 서울: 문학동네, 2006.

23) 성철 스님이 보조국사 지눌 스님의 돈오점수론을 비판한 이후 돈점 논쟁은 꾸준히 이어져왔다. 박성배, 『깨침과 깨달음』, 윤원철 옮김, 서울: 예문서원, 2003도 돈오점수론 비판서 중 하나.

의 과정 속에서 이루어진다는 점에서 신학적 종말론은 여전히 설득력이 있는 논의가 된다.

## Ⅸ. 영생, 부활, 죽음

궁극적 구원, 즉 죽음 이후 완성의 세계는 가정이고 희망이다. 그러나 허황된 가정이 아니고, 생전의 신적 체험 내지 깨달음에 근거한 가정이고 희망이다. 그렇게 가정하고 희망하는 이유는 역사 내적 종교체험 내지 인식은 "궁극 실재의 현상적 현현(phenomenal manifestation of the Real)"[24]으로서, 어찌되었든 실재 그 자체와는 구분되기 때문이다. 더 나아가 역사 내적 인간의 경험은 어떤 것이든 피치 못하게 우리의 감각 기관 내에 제한되어 있는 것이기 때문이기도 하다. 그런 점에서 하느님이 모든 것을 통해 모든 것 안에, 모든 것 위에 계시고, 그런 의미에서 하느님이 모든 것이 되시는(고전 15: 28), 하느님과의 근원적 관계성의 회복은 우리의 몸을 벗어버리고서야 가능하다는 주장은 여전히 설득력이 있다. 그리스도인들은 그런 의미의 영생을 기대하고, 궁극적인 구원을 내세적 영생 차원에서 희망하기도 하는 존재인 것이다.

물론 그것도 간단한 문제는 아니다. 토마스 아퀴나스가 "알려진 것은 알고 있는 자의 양태에 따라 알고 있는 자 속에 주어진다"고 말한 바 있듯이,[25] 내세에 대한 다양한 묘사들조차 그것이 역사 내 존재인 인간에 의한 묘사인 한, 내세 그 자체라기보다는 현세를 반영하는 것

24) John Hick, *An Interpretation of Religion*(New Heaven and London: Yale University Press, 1989), p.247.
25) Thomas Aquinas, *Summa Theologica* II/II, Q.I, art.2.; 존 힉, 『하느님은 많은 이름을 가졌다』, 이찬수 옮김, 서울: 도서출판 창, 1991, 55쪽에서 인용.

일 수밖에 없다는 점에서 그렇다.[26] 내세 역시 강력한 실재이면서 현세 안에서 요청된 실재인 것이다. 그래서 만물이 "하느님 안에서 숨쉬고 움직이며 살아간다"지만, 역사 내 존재에게 궁극적인 구원은 희망의 영역으로 남게 된다.

그 희망의 내용인즉, 단순하게 말해서 육체적 한계를 넘어서는 것이고, 달리 표현하면 시간을 초월하는 것이다. 그 때는 더 이상 시간 안에서가 아니라, 시간의 저 편에 실존하게 된다. 하느님은 시간 내 존재가 아니니, 온전히 하느님 안에 하느님과 더불어 산다는 것은 육체 내지 감각적 한계를 벗어버리고서야 가능하다. "하루가 천년 같고 천년이 하루 같다"(2베드 3:8)는 말도 시간 너머의 세계에 대한 한 표현이라고 할 수 있다.

하느님이 시간 너머, 즉 영원에 계시다면, 모든 사람이 전혀 다른 시간에 죽었다고 해도 모든 이가 '영원'에 참여하기는 마찬가지일 것이다. 영원에는 과거, 현재, 미래라는 시간적 도식이 없다. 시간의 차원에서는 과거와 미래를 나누지만, 과거에 죽은 이나 미래에 죽을 이나 모두 영원에 참여하는 것이다. 그래서 내가 숨을 거두고 시간을 넘어서는 순간 전 인류와의 만남이 이루어지는 것이다. 시간적 흐름에 따라 연속적으로 흐르던 글자들이 그 시간의 흐름을 마치고 나면 숨겨져 있던 새로운 의미가 하나의 공간 안에 동시적으로 드러나는 아크로스틱(일종의 삼행시)처럼,[27] 시간적 선후에 따라 살아온 삶인 듯해도 어느 순간 그 다양한 삶들이 합류하게 되는 때도 있을 것이다. 몸을 버리는 순간 몸을 지니고 살면서 행한 모든 것이 영원의 세계에 결정적으로 합류하게 되는 이것이 영생이다.

---

26) 그 사례로 이찬수, 「유대-그리스도교 내세관 변천사」, 《종교교육학연구》 제21권(2005.12) 한국종교교육학회, 282-303쪽 참조.

27) 진중권, 『놀이와 예술 그리고 상상력』, 서울: 휴머니스트, 2006, 201-219쪽.

이러한 합류가 가능하도록 하기 위해 신이 준비해놓은 장치가 바로 기독교적 언어를 쓰자면 부활이다. 부활은 흔히 영혼이라고 말하는, 즉 우리의 내밀한 삶의 총체에 신이 어떤 식으로든 형상을 입혀주는 사건이다. 그리스도교에서는 예수가 "다시 일으켜졌으며", 그처럼 모든 인간도 결국은 죽음으로 끝나지 않고 "다시 일으켜질 것"이라고 믿는데, 그것은 예수의 죽음이 허무한 파멸로 끝나지 않고 그 안에서 모든 역사의 궁극적 의미가 드러났음을 믿는 이들의 신앙적 표현이다. 죽음이 도리어 더 큰 생명 속에 결정적으로 합류하는 사건이 되며, 기독교적 표현을 쓰자면 예수에게서 드러난 생명의 원리대로 살아감으로써 하느님 안에 온전히 들어가게 된다고 믿는 이들이 그리스도인인 것이다. 영혼만이 아니라 몸을 가지고 행한 모든 행위가 하느님과 직접 대면하고 합류하게 된다는 것이다.

> 부활이란 전인간, 한 사람이 자신의 모든 체험과 자기 과거 전체, 자기의 첫 입맞춤과 자신의 첫 눈[初雪], 그가 이야기한 모든 말, 그가 행한 모든 업적과 함께 하느님께로 가는 것을 뜻한다. 이 모두는 어떤 추상적 영혼 그 이상의 어떤 무한한 것이기에, 죽음을 통하여 사람의 영혼만이 하느님 앞에 나아간다는 것은 상상도 할 수 없는 일이다.28)

이런 맥락에서 죽음이란 인간 하나하나의 삶과 관계된 모든 것들을 생명의 근원이 되는 존재에게로 온전히 되돌려드리는 행위이다. 내 이름으로 행한 모든 생생한 실재들, 초등학교 시절에 놀던 학교 운동장 정글짐에 묻은 내 손 때마저 나의 것이 아니라 온전히 하느님의 것이라며 돌려드리는 행위가 죽음인 것이다. 죽음을 그저 심장이

---

28) G. 로핑크, 『죽음이 마지막 말은 아니다』, 신교선 옮김, 서울: 성바오로출판사, 45쪽.

나 뇌 기능의 정지 등 의료적 정의만으로 끝낼 수는 없을 것이다. 굳이 신학이나 신앙을 내세우지 않더라도 죽는다는 것을 그저 심장이나 뇌의 멈춤으로 설명하기에는 인간의 질문이 더 깊고 넓다. 죽는다는 것은 '나'라는 것을 앞세우며 살아온 지난날의 모든 삶을 전적으로 대 자연 앞에 내어맡기는 행위가 되는 것이다. 부활과 영생은 죽음 이전의 소소한 일상사마저도 하느님과 무관한 것일 수 없다는 기독교적 신앙을 우주적 시간의 차원으로까지 확대한 하나의 희망적 가정이자 요청이 되는 셈이다.

## X. 나가는 말

"교수불자연합회"와 "기독자교수협의회"가 함께 하는 "오늘 우리의 구원과 해탈" 논의는 영어식 표현을 빌리건대 아무리 강조해도 지나치지 않을 만큼 중요한 문제이다. 동 시대를 살아가면서 어찌 상이한 구원 내지 해탈을 저마다의 자리에서 독백하는 것으로 만족할 수 있겠는가? 불자든 기독자든 누구든 저마다 '우리'의 일부로 살아가고 있다는 의식이 팽배해져가고 있는 만큼 궁극적인 구원과 해탈의 문제와 관련해서도 불자와 기독자는 서로 만나기 위한 진지한 노력을 더욱 깊게 기울일 필요가 있다. 스미스가 강조했듯이, 저마다 '우리'의 일부로 살아가고 있다는 현실에 "참으로 우리가 정직하다면, 인간적인 형제애를 하나의 이상으로서 받아들인다는 것은, 바로 우리들 중 어떤 이들은 힌두인들이며, 어떤 이들은 불자들이고, 어떤 이들은 무슬림이며, 어떤 이들은 유대인들이고, 또 어떤 이들은 그리스도인들이라는 사실을 받아들이며, 그 안에서 형제애가 이루어질 수 있도록 있는 힘을 다하는 것이다."[29] 종교적 다양성과 진리에의 투신을 조화시킬 수 있을 때 진정한 종교인이라 할 수 있다는 의미가 함축되어 있는 주장인 것이다.

이 마당에 기독교와 불교를 구분, 더 나아가 분리해 말하는 것은 '오늘 우리'의 구원론에 어울리지 않는다. 오늘 '우리' 속에는 이미 불교와 기독교가 함께 들어와 어울리고 있기 때문이다. 불교와 기독교의 대화를 목적으로 한, 아니 대화적, 관계적 현실을 전제로 하고서 '오늘 우리의 구원과 해탈'을 논하는 자리인 경우는 더 말할 나위 없다. '오늘 우리'는 불교와 기독교, 기독교와 불교의 상호 주체성을 전제로 할 뿐만 아니라 결론으로 삼을 수 있는 자리이며, 이것은 그저 이론이 아니라 사실상 현실이다. 차별적으로 존재하는 듯한 불교와 기독교의 개개 '형식' 내지 '제도'를 벗기고 그 내면으로 들어가면 거기에는 불교와 기독교란 따로 없다. '너'의 요구에 부응하면서 살아갈 수밖에 없는 원천적 삶에는 종파가 따로 없는 것이다. 범아일여(梵我一如)라고 하는 원천적 사실에 종파 간, 성별 간, 지역 간 차이가 없듯이, 이미 하느님의 형상대로 창조되어 있는 인간의 원천적 현실에서도 마찬가지이다. 이미 깨달아 있어 부처와 하나 되어 있는 원천적 현실에서도 마찬가지이고, 이미 천주를 모시고 있어(侍天主) 있는 그대로 하늘과 같은 존재인 인간(人乃天)의 원천적 실상 역시 마찬가지이다.

물론 다양한 종교들이 유사한 교리적 주장들을 하고 있다고 해서 모든 종교들이 동일한 원천 위에 있고, 동일한 목적으로 지향한다고 쉽게 단언하기는 힘들다. 그럼에도 불구하고 이들을 별개로 놓는 것은 무엇보다 개별 종교 전통의 교리적 보편성에 부합하지 않는다. 교리적 보편성과 현상적 특수성은 모두 살려져야 한다. 물론 현상적 특수성이 대립적인 근거가 되지 않으려면 교리적 보편성에 대한 강조

29) 윌프레드 캔트웰 스미스, 앞의 책, 134쪽.

는 필연적이며, 이것은 피치 못하게 종교 체험의 심층적 동일성의 차원으로까지 나아갈 것을 요청한다. 물론 이것은 여전히 탐구의 대상이자, 끝없이 열린 논의를 필요로 한다. "오늘 우리의 구원과 해탈"과 관련하여 중요한 것은 무엇보다 너를, 인류를 '우리'로 볼 줄 아는 자세로의 전환이다. 매튜 폭스(Matthew Fox)가 최근에 신비주의 전통에 대한 강조를 통해 종교들의 심층적 통일성을 강조하고 있는 것도 동일한 맥락이라고 생각된다.[30] 당연히 불자에게도 마찬가지로 적용된다고 믿지만, 스미스가 그리스도인 독자들을 염두에 두고서 "전 인류를 하나의 전체적인 우리로 만드는 공동체를 향하여 발 벗고 나설 때까지 우리는 진정한 그리스도인이 될 수 없다"[31]고 말한 것은 여전히 긴요한 요청이 아닐 수 없다.

30) 매튜 폭스, 『우주 그리스도의 도래』, 송형만 옮김, 왜관 : 분도출판사, 2002, 350-373쪽.
31) 윌프레드 캔트웰 스미스, 앞의 책, 175쪽.

〈논찬〉

# 지금 이 자리에서의 우리 모두의 구원/해탈

우희종(서울대학교 수의학과)

## 들어가며

현실 속에서 종교 간의 소통과 대화를 몸소 실천하고 계신 이찬수 교수님의 글을 논찬하게된 것을 매우 기쁘고 소중하게 생각합니다. 특히 이번 모임의 주제인 '오늘 우리의 구원과 해탈'은 종교를 접하는 인간에게 있어서 가장 중요한 주제 중의 하나일 것입니다. 이 주제를 앞에 두고 이교수님은 기독교에서의 구원의 의미를 불자들에게도 충분히 납득이 가도록 이야기해 주고 있으며 동시에 두 종교간의 서로 다른 점도 명쾌하게 보여주고 있습니다. 논의를 위해 이교수님의 글을 간략히 정리해 보겠습니다.

이 교수님은 다양한 종교가 존재하는 한국사회 속에서 필연적으로 생각해 보아야 하는 우리라는 범주에 대하여 그 개념을 다시 한 번 정립하고 논의를 시작함으로서 특정 종교 안에 갇혀있는 우리를 해방시킵니다. 그래서 진정한 너와 나, 더 나아가 우주 속의 너와 나로서의 우리에 대한 언급으로 시작합니다. 우리가 이렇게 확대될 때 필연적으로 우리 안의 관계성이 드러나게 되며 이렇게 드러난 관계성이 각자의 삶 속에서 구체화 된다는 것은 이웃 고통에 대한 동참이라고 말하고 있습니다. 또한 자기중심적 주체성(홀로주체성; 불교적 표현으로서 아상[我相]을 확장시키려는 욕망)으로부터 관계 속에서 서로가 대등하게 서로의 주체로 작용하는 서로주체성으로 확대되어야 함도 지적하고 있습니다.

이러한 내용을 바탕으로 기독교는 초월자에 의한 타력구원, 불교는 인간 스스로에 의한 자력구원이라는 일반적 도식이 부적절함을 보임으로서 두 종교의 공통기반을 모색합니다. 무한한 초월자를 받아들여 구원된다 해도 이러한 표현은 그러한 초월자를 받아들일 수 있는 바탕을 지닌 존재로서의 인간을 전제하고 있는 것이어서, 인간 구원은 인간의 내부로부터 비롯됨을 보여줍니다. 그러나 한편, 인간 존재의 근거이자 목적인 하느님을 향한 과정은 인간 내부로부터 시작하여 초월자인 하나님에 의해 이끌어지고 추동되기에 타력적이기도 하다는 점을 잊지 않습니다. 즉, 인간의 진정한 구원이란 모든 존재의 근원인 진리로부터 기원한다는 점을 받아들인다면, 나의 자의식으로부터가 아닌 진리로부터 비롯되는 깨달음의 수동적인 측면을 인정하야 하고 그런 의미에서 기독교와 불교 모두 타력적일 수밖에 없음을 밝히고 있습니다.

이 시점에서 이교수님은 '그렇다면 무엇이 우리에게 주어져 있는가?'라는 질문을 통해 읽는 이에게 다시 한 번 구원의 모습을 보여주고자 합니다. 그리고 그 대답으로서 불자들에게도 충분히 공감되는 '관계'를 제시합니다. 관계성이야말로 생명의 모습이며 이러한 근원적 관계에 대한 온전한 회복이 구원임을 보여 줍니다. 그러나 이러한 구원은 역사와 사회적 맥락에서 결코 저절로 순수하게 이루어지지 않으며 역사적 예수를 받아들여 예수와 같은 자기 부정적 삶의 자세를 통하지 않으면 안되기에 자기를 내어 버리고 너라는 이웃을 받아들여 열린 모습이 되는 것이야말로 하나님과 하나 되는 것임을 말하고 있습니다.

또한 그럼에도 불구하고 삶의 현장 속에서는 인간의 유한성으로 인해 구원이란 완성될 수 없음도 지적하고 있습니다. 현실에서의 삶은 목적을 향한 과정으로 봅니다. 이미 내부에 주어진 상태에서의 과정이기에 이미 그 결과를 알 수 있는 상태에서 벌어지는 승리가 예정된 모습으로, 끝없는 삶의 과정 속에서 이루어져 간다는 의미에서 신학적 종말론의 의미를 찾습니다.

이러한 흐름 속에서 이제 남은 것은 이교수님께서 죽음 이후의 세계로 바라보고 있는, 생전의 신적 체험에 근거를 둔 궁극적 구원입니다. 인간이 시간적으로나 인식의 범위에 있어서나 유한한 육체를 지니고 있는 한 현세에서의 내적 경험은 궁극적 실재와는 구분되기 때문입니다. 그래서 과거, 현재, 미래도 없는 영원이라는 시간 너머[彼岸]에 계신 하나님과 만나는 것은 인간이 숨을 거둘 때 비로소 가능하게 됩니다. 현세에서 행한 모든 행위의 결과가 영원의 세계에 합류하는 것이 영생이 되며, 이것이 기독교에서의 부활임을 명시합니다. 결국 영혼뿐만 아니라 몸으로 한 행위 모두가 하느님과 직면하고 합류되는 것이 부활이기에 인간의 삶과 관계된 모든 일상사를 생명의 근원에게 되돌려주는 것입니다.

이교수님은 이러한 논지에 따라 '우리 됨'을 위하여 이웃종교간의 만남에 있어서 종교적 다양성과 진리에의 투신을 조화시키는 진지한 노력이 요구됨을 지적하고, 종교간의 구분 내지 분리하는 어리석음을 내려놓고 현실 상황으로서 보편적인 원천적 동질성에 깨어있기를 지적하고 있습니다. 특히 현상적 특수성(개별성)이 대립의 근거가 되지 않기 위해서도 '우리'를 받아들이는 자세가 요청되고 있음을 강조합니다.

부족하나마 이상과 같이 이교수님의 글을 이해하였습니다만, 불자의 입장에서 볼 때 그 취지와 설명에 있어서 불교적 관점과 많은 부분을 서로 공유할 수 있게 마무리해 주셨습니다. 그럼에도 불구하고 기독교와 불교의 차이점 또한 명확히 드러내주는 이 교수님의 글을 읽으며 문외한으로서 느낀 소감 몇몇을, 서로 나누기 위한다는 미명하에, 대략적인 글의 순서에 따라 조금 언급해 볼까 합니다. 다만 이 글에서의 저의 견해는 다양한 불교적 전통 속에서 선종(禪宗)에 익숙한 개인적 관점에 불과함을 미리 말씀드립니다.

## 나누기

### 1. 나와 우리

이교수님께서 '오늘 우리'라는 말을 '시간성과 관계성이 어우러져 있음'으로 보셨습니다. 그런데, 저는 같은 표현을 '시간성과 공간성에 바탕을 둔 관계성'이라고 다시 쓰고 싶습니다. 이교수님 역시 본론의 첫 글인 '나와 우리'라는 부분에서 나를 우주적 차원으로 확장하면서 나에 대한 시간성과 수평적 열린 공간성 속에서 고정된 실체 없음을[32] 지적하고 계십니다. 그렇다면 시간성이 강조된 오늘이라는 말도 다시 바꾸어, 시간과 공간을 포함한 '지금 이 자리'를 나타내는 것으로도 파악될 수 있겠습니다.

한편, 여러 '나'들의 공통분모로서의 우리를 말씀하실 때 참된 우

32) 불교에서는 무아(無我)라는 표현을 쓴다.

리라고 하는 것은 각자의 주체성이 지켜지면서도 서로의 관계 속에서 더욱 승화된 창발적인(emergence)[33] '우리'가 나타남을 지적하시는 말에 많은 공감을 합니다. 그러나 우리라는 말이 지니고 있는 배타성도 생각해 봅니다. 과연 '오늘 우리'라 할 때 누가 우리인가요? 기독교나 불교를 접한 이 자리에 모인 우리인지, 아니면 종교와 무관하게 살아가고 있는 수많은 사람들도 포함한 것인지요? 이 질문은 뒤에 언급될 구원의 모습과도 연관될 것입니다. 저는 개인적으로 '우리'를 그 어느 종교와도 무관하게 살아가는 이들도 포함된 '우리 모두'이기를 바랍니다.

또한 이교수님께서 생각하시는 '나'라는 것에 대하여 조금 나누고 싶습니다. 언급해 주신 Ken Wilber의 '에덴으로부터의 도약'을 이룬 자의식과 샤르트르의 대자적 자기가 과연 구원에 적절한 '나'이겠는가 하는 의문이 듭니다. Wilber 역시 자의식에 머무르지 않고 합일적 자기를 언급했고[34] 실존의 의미를 묻는 자기 역시 궁극적으로 관계성의 회복이 전제되어야 하기에 이들의 '자기'만으로는 이 교수님께서 제시하신 자신 안의 '우리'를 통하여 이루어지는 생동적이고 창발적인 구원의 모습이 되기 위해서는 한계가 있다고 봅니다. 언급하신 것처럼 서로주체성이 되기 위해서는 비빔밥처럼 되어야 하면서 동시에 여러 돌멩이가 섞여있듯이 각자의 모습이 확연해야 할 것입니다. 다시 말하면 그것은 여러 돌이 모여 있는 우리를 가정할 때 텅 비어 있는 돌의 모습이며, 비어있기 때문에 경계가 없으면서도 돌로서 경계가 뚜렷할 때 비로소 구원된 우리가 될 것입니다.[35] 굳이 이런 사족을 붙이는 것은 '오늘 우리의 구원/해탈이 우리만의 구원'이 된다

---

33) Irun R. Cohen, *Tending Adam's Garden; Evolving the cognitive immune self*, p27-39 Academic Press 2000

34) 켄 윌버 '무경계' p227-228 무우수 2005 및 '아이 투 아이' p458-477 대원출판 2004

35) 돌이면서 텅 비어 있으니 이것은 돌입니까, 돌이 아닙니까?

면 그것은 결코 우리의 구원이 될 수 없기 때문입니다. 이 논의는 내세에 이루는 궁극적 구원과 현세에 이미 그렇게 되어 있는 구원에 대한 논의의 형태로 이교수님의 글 중 '서로주체성' 부분에서 다시 논의하고자 합니다.

## 2. 관계성의 구체화

개체로서의 지속을 위한 욕망의 충족과 확대는 분명 지적하신 바와 같이 많은 위험성을 지니고 있습니다. 그러나 내적 영성을 느끼는 인간이 생명체로서 세상에 존재하는 한 이러한 욕망 충족과 확대 욕구는 당연할 지도 모릅니다. 그것은 주위와의 관계성을 확대해 가는 것이 생물체의 기본 속성이기 때문입니다. 오늘 우리의 구원을 이야기하는 것도 구원을 공유하여 더욱 확대시키고자 하는 우리의 욕구가 작용하는 것이기도 합니다. 그렇다면 문제가 욕망 자체에 있다기보다는 왜곡된 욕망에 집착하는 것이 진정한 본래의 관계성을 훼손시키는 주요한 원인이라고 생각합니다.

이러한 집착은 말씀하신 것과 같이 '나'라는 것으로 나타나기에 단순히 너와 나와의 관계성을 인식하여 이웃의 고통에 참여하기보다는 그 전에 철저히 '나' 없음을 통찰하고 새롭게 '나'를 챙겨야 할 것입니다. 자신의 이익을 제한하거나 포기하여 이웃과의 관계성을 회복하는 것이 아니라, 이렇게 '나'를 온전히 회복할 때 비로소 구원의 발현은 성경 말씀처럼 '네 몸과 같이-희생하는 것이 아니라- 네 이웃을 사랑하는 것'이 되며 불교의 자리(自利)와 이타(利他)가 분리된 상태의 둘이 아니라는 이웃과의 진정한 관계성이 이루어질 것입니다.

그렇다면 다시 여기서 '나는 누구인가?'라는 질문이 절실해지며, '자기중심성으로부터 실재중심성으로의 전이는 구원의 필요조건은 될지언정 충분조건일 것인가?'하는 의문이 듭니다. 어떻게 보면 욕망으로 인해 존재하는 개체로서의 '나'에 대한 철저한 인식이 이루어지지 않은 상태에서 실재에의 전환은 또 다른 실재에의 집착을 불러오게 되어, 인류 역사상 관습, 제도, 또는 종교전쟁을 통해 수많은 인간을 희생시켜 온 것을 알기 때문입니다. 또한 자신 안의 실재에 대한 집착은 깨달음을 강조하면서 이웃에 대하여서는 방관에 가까운 태도에 빠지는 일부 불교의 모습에서도 종종 보입니다.

그런 의미에서 존 힉(John Hick)의 'the Real'에의 전이가 단순한 대상간의 이동이 아닌 거듭 태어남의 전이로 되기 위해서는 그 실재라는 것은 결국 내 안의 실재이며 동시에 이웃 속에 자리 잡고 있는 실재에 대한 철저한 인식이고[자타불이], '전이'에 대한 강조와 더불어 반드시 필요한 것은 실재에 대한 철저한 통찰일 것입니다. 그런 면에서 관계성에 대한 통찰은 내 안의 실재와 이웃 속에 나타나 있는 실재가 오직 관계성 속에서만 우리에게 현시되는 무실재[36]에 대한 자각이어야 함을 말하고 싶습니다.

### 3. 서로주체성

각자의 만남 속에서 융합된 주체성을 서로주체성이라 표현하셨지만 그 뜻을 조금 더 명확히 하고 싶습니다. 융합보다는 서로 '어우러진'이라는 표현을 쓰는 것은 어떨지요? 융합이라는 화학적 변화에서는 각자의 고유성이 허물어지기에 이는 서로주체성 속에서 각자가 서로 대등한 주체로도 있어야 하는 것으로서, 이교수님께서 말씀하고자 하는 뜻과 거리가 있는 듯합니다. 진정한 서로 주체성이란 서로 융합하기 보다는 각자가 평등하게 있되 서로의 '열린' 관계 속에 있

36) 무실재(無實在 : the ever-changing Real 내지 the Real as openness)

다는 뜻일 것입니다. 열림이야말로 내가 있으면서 동시에 우리 안에서 내가 아닐 수 있게 할 것입니다.

따라서 서로주체성이란 자신을 제한해 이웃의 요구에 부응하는 주체성이라기보다는 자신의 있는 그대로가 이웃의 요구에 부응되는 주체성이 됩니다. 표현하신 것처럼 진정한 실재와의 전이를 통한다면, 이웃의 고통이 나의 고통이 되는 것을 뛰어 넘어 이웃의 기쁨이 나의 기쁨이 되고 나의 기쁨이 이웃의 기쁨이 되는 적극적인 모습이 될 것입니다.

한편, 인용하신 서로주체성에 대한 김상봉의 글은 그 뜻에 있어서 매우 공감하면서도 제 글의 모두에서 언급한 것처럼 또 하나의 범주화를 통해 또 다른 '우리'를 만들어 내지 않을까 염려됩니다.[37] 우리가 너와 나의 만남을 통한 서로주체성일 때, 우리가 되지 못한 소외된 자들을 생각해 봅니다. '우리'의 이야기보다는 '모두'의 이야기가 더욱 필요한 것이 아닐까 생각해 봅니다. 오늘 이 자리에서의 진정한 관심은 '우리' 아닌 소외된 자에 대한 관심이 되어야 하기 때문입니다. 구원이라고 하는 깨달음의 확산이란 종교인들만의 축제가 아닌 종교를 모르는 모든 이에게로의 확산되는 형태가 되어야 할 것입니다.

그런 의미에서 이찬수교수님께서 '오늘'은 '우리'의식이 심화되어지고 있는 때라고 말씀하시며 교통과 정보통신에 의해 급격히 하나되어 감을 말씀하신 것은 너무 낙관적 견해가 아니신지요? '관계성의 구체화'의 부분에서 지적해 주신 것처럼 자본의 논리에서 벗어나야 하며 시장이라는 우상숭배를 멈추어야 함에도 불구하고 외형적으로는 '우리'가 형성되어 가지만, 그것은 외형적일 뿐 지금과 같은 형식의 '우리'가 형성되어 가면 갈수록 내적 파편화와 소외는 심각하다고 생각합니다. 또 신자유주의 물결 앞에서 나타나는 문화, 경제제국주

37) 데이비드 베레비, 우리와 그들. p25-49 에코리브르 2007

의뿐만 아니라[38] 미국의 이라크 침공과 같은 모습 속에는 이웃 문화와 종교에 대한 무지도 볼 수 있습니다. 그래서 저는 과연 이교수님의 말씀처럼 진정한 '우리'의식이 확산되고 있는가 하는 것에는 의문이 듭니다.

### 4. 비구원적 상황과 본래적 구원 그리고 구원의 타력적 측면

인간의 구원을 비구원적 상황의 밖이 아니라 안에서, 더욱 깊은 안에서 오게 됨을 지적하신 이교수님의 말씀에는 마음으로부터 공감하면서 사소한 것이기는 합니다만, 이 부분에서 굳이 근대 유물적 과학주의의 대표적 입장인 사회생물학자 에드워드 윌슨(Edward Wilson)의 시도를 거론하신 것은 어떤 뜻인지요? 같은 맥락이라면 유전자로 인간의 사회, 문화적 행위를 설명하고자 한 윌슨이나 '이기적 유전자'의 저자로 잘 알려진 Richard Dawkins에 대한 긴 논쟁으로 잘 알려진 진화생물학자 Stephen Jay Gould의 널리 알려진 반론은 차치하더라도[39] 차라리 나름대로 인문학과 자연과학의 결합을 통해 초월적 실재론을 말하고자 하는 Roy Bhaskar의 관점을[40] 논의하는 것이 더 적절하지 않았나 생각해봅니다. 국내에서는 윌슨의 제자인 최재천 교수의 어느 정도 포장된 소개로 많이 미화된 부분이 있지만 결국 사회생물학자들의 입장은 유전자 결정론에 의한 대표적인 환원주의적 기계론입니다.[41]

---

38) 폴 킹노스. 세계화와 싸운다, p92-106 창비 2004

39) Gould, S. J. '*Evolution : The Pleasures of Pluralism*' *New York Review of Books*, p47-52. 1997. 한편, 이들 간의 정식 학술지에서의 논쟁은 Richard Levins and Richard Lewontin, The Dialectical Biologist. p123-127, Harvard Univ. Press 1985에 언급되어 있듯이 Isadore Nabi, 'Ethics of Genes.' Nature, v. 290 p183. 1981. 및 E. O. Wilson. 'Who is Nabi?' Nature. v. 290 p623. 1981에서도 볼 수 있다.

40) 로이 바스카, 비판적 실재론과 해방의 사회과학, p12-56 및 p341-364 후마니타스 2007

41) 에드워드 윌슨. *Sociobiology* (Abridged ed.) Belknap Press 1980 및 통섭, p14-17 사이언스북스 2005

한편, 이교수님의 글 중에서 이 부분부터 양 종교의 모습의 차이가 잘 나타나는 듯합니다. 물론 구원이 이미 주어져 있다는 점에서 두 종교는 차이가 없습니다. 따라서 구원이란 이미 주어진 데서 출발하기에 기독교나 불교나 타력적이라고 말씀하시는 통찰에는 깊은 동감을 표합니다. 하지만 구원을 목적이자 완성으로 보고, 이를 향해 나아가는 과정으로 파악하는 점에 대해서는 불교 선종이 지니고 있는 다른 관점에 대하여 옳고 그름을 떠나 조금 더 말씀드려보고자 합니다.

선종의 입장에서는 구원/해탈은 자력도 타력도 아닙니다. 이미 주어진 것이기에 나아가 얻는 것도 아닙니다. 직선적 시간의 구도 속에서는 구원은 나아가 이루어야 하는 것이지만 이미 시간이 무시무종(無始無終)인 관점에서는 구원은 목적이나 완성이 아니라, 굳이 말한다면 이미 주어진 그 자체입니다. 더 정확히 말한다면 주어진 것도 아닙니다. 그 자체이기에 주거나 받을 수 있는 것이 아니기 때문입니다. 과정이 곧 목적입니다. 다시 말해서 구원이란 과정으로 존재하지만, 과정 그 자체로 이미 구원을 이루고 있는 것입니다.[42] 이미 주어져 있는 상태이기에 그것은 값없는 선물이자 은총이라고 말할 수 있고 또한 주거나 받을 자타(自他)의 구별 역시 인간의 불필요한 사리분별이기에 원래 우리 모두는 오늘 이 자리에서 이미 깨달아 있고 구원도 해탈도 따로 있지 않습니다. 그렇기에 깨달음(悟)도 없습니다. 굳이 말하라면 과정으로 나타나는 '깨어있음(覺)'이 중요할 뿐입니다.[43]

---

42) 선은 특별한 것을 말하지 않는다. 오직 선사는 밥짓고 빨래하는 일상의 몸짓으로 평범함이 곧 진리의 자리임을 우리에게 말한다. 금강경의 응무소주 이생기심으로 표현되는 무심(無心)과 무작위(無作爲)로서 할 일 없음이 곧 우리의 할 일임을 말할 뿐이기에 일상의 아름다움만으로 담담히 선을 말한다. 그렇기에 그 자리를 맛본 자들의 밥 먹는 행위, 차 한 잔 하는 행위, 잠자는 행위 그자체가 그대로 진리의 본질을 극명하게 표현한다. 기독교식으로 그 무엇을 향해 가야만 하는 것도 아니고, 어두운 법당 안에서 누렇게 뜬 얼굴로 미소 짓는 부처에 있는 것도 아니다. 우리의 행주좌와 어묵동정 중의 모든 사소한 일상으로 그 여여함을 직설(直說)하고 있을 뿐이다.

43) 깨어있음이란 항상 자기 자신을 되돌아보는 것(조고각하, 회광반조) 외에 별다른 것이 아니다.

## 5. 관계의 논리 및 영생, 부활, 죽음

자력과 타력에 대한 이교수님의 입장은 관계의 논리에서도 유지되고 있습니다만, 이교수님의 관점을 일단 수용하고 볼 때 구원론적 차원에서 이타적으로 이루어지는 관계성은 개인의 순수한 노력으로 이루지지 않는다는 점에는 동감합니다. 자기 부정적인 무아적 깨달음에서 구원의 사회적 모습을 보게 되고, 더 나아가 최종적으로는 개인적 기억이 다 사라져 버리고 육체를 다 벗어버리며 영혼으로 하나님과 하나되는 것을 상정하고 계신 것도 일반적인 표현을 쓴다면 육체를 벗어나 피안(彼岸)에 도달하게 되는 것이겠지요. 이와 같은 흐름 속에서 인간이 육체를 지니고 있는 한 구원의 완성은 없다고 말합니다. 그런데 그것은 과정과 완성을 분리해서 상정하고 있기 때문이 아닐까요?

선종에서는 과정과 목적이 둘이 아니기에 인용해 주신 '깨달음을 얻은 뒤에도 비오고 바람 분다.'라는 표현을 보더라도 오히려 그에게는 깨달음을 '얻었기에' 여전히 바람 불고 비오는 것입니다. 뒤에서 언급한 것처럼 해탈이라는 것은 본래 그 자체이지 주거나 받거나 혹은 얻거나 하는 것이 아니기에 만일 그가 깨달음을 '얻지 않고' 스스로가 깨어있다면 바람 불고 비오는 그 자체가 이미 깨달은 상태, 즉 비오고 바람 부는 것이 그대로 깨어있음 그 자체입니다. 그래서 '비오고 바람 부는 범사'에 감사하게 되겠지요. 그런 면에서 선종에는 깨달음이란 있지도 않는 공허한 외침에 불과할 뿐이며 그저 '깨어있음'뿐입니다. 하느님을 지금 이 자리에서 느낍니다. 불교에서의 구원은 지금 이 자리에서 펼쳐져야 하며, 종교를 지닌 우리만이 아닌 종교를 모르는 모든 이들에게도 이미 구원의 역사가 이루어져 있습니다.[44]

---

44) 이교수님의 본문 중에 인용되어 있는 '만물이 말씀을 통해 생겨났고 말씀 없이 생겨난 것은 하나도 없다'

이런 면에서 하느님과의 근원적 관계성의 회복을 사후 세계에서 가능한 것으로 보는 이교수님의 관점과는 차이가 있겠습니다만, 선가에서 구원은 이미 진행형이며 그러한 진행 자체가 이미 완성을 의미합니다. 육체를 포함해서 그대로 펼쳐져 있는 것입니다.[45] 육체를 떠나야 비로소 시간을 넘어서 영원에 참여할 수 있다는 생각은 어쩌면 흙으로 빚어진 인간의 육체에 많은 의미를 부여한 것이 아닐까요? 더 나아가 영원이라는 말처럼 관념적인 말도 없는 듯합니다. 지금 이 순간이 영원입니다.[46] 그런 의미에서 부활이란 죽어서 이루어지는 것이 아니라 지금 이 자리에서 펼쳐져야 할 역사적 사건으로서만 의미를 지닙니다. 흙으로 빚어진 육체의 죽음이 영원과 접하는 계기를 마련하는 것이 아니라 지금 이 자리에 이미 그 자체인 구원이 있기 때문에 고개 한 번 끄떡이거나 눈썹 한번 움직일 때 부활을 이루게 되는 것입니다.

그래서 선종에서의 구원/해탈이란 지상에서의 개인적 기억이 다 사라져 육체를 벗어서 하느님과 하나가 되는 관념적인 것이 아니라 생생한 개인적 기억이 그대로 하느님의 기억이 되는 놀라운 현실적 체험인 것입니다. 구원과 부활은 '우주적 시간의 차원으로 확대한 하나의 희망적 가정이자 요청'이라기보다는 '지금 이 자리가 그대로 하느님 나라임을 알아차릴 때[47] 경험하게 되는 구체적 체험'입니다. 저는 사도신경의 마지막에 나오는 '육신의 부활과 영원히 사는 것을 믿는

---

(요한 1:3), '우리는 그 분 안에서 숨쉬고 움직이며 살아간다'(사도행전 17:28)을 참조.

45) 무명(無明)과 본각(本覺)을 구분하지 않으며, 선악을 말하지 않고 생사를 둘로 보지 않는다. 순간과 영원을 다르게 보지 않는다.

46) 그런 의미에서 '하루가 천년 같고 천년이 하루 같다'(2베드로 3:8)는 말은 이교수님의 말씀처럼 숨이 끊어져야 접할 수 있는 시간 너머의 세계에 대한 표현이 아니라 구원된 자의 시간 인식을 표현했다고 본다. 한 찰라가 억겁이요, 억겁이 한 찰라이다.

47) 역시 이교수님의 본문 중에 인용되어 있는 '하느님이 세상을 사랑하신다' (요한 3:16) 및 '하느님이 함께 하신다' (임마누엘) 참조.

다.'라는 구절을 과거 현재 미래의 직선적 시간의 축에서[48] 이해하기보다는 과거 현재 미래가 응축된 지금 이 자리에 현존하는 육체를 지닌 상태에서의 부활이요 구원이라고 생각합니다. 이와 같이 구원과 해탈을 바라볼 때, 믿음, 소망, 사랑이라는 커다란 틀 안에서 피안을 향한 고통과 인내로 표현되던 기독교의 소망은 하루하루 범사에 감사하며 기쁘게 살아가는 기다림의 자세로[49] 전환된다고 생각합니다.

이상이 교수님의 글을 읽고 난 후 든 작은 생각들입니다만, 기본적으로 이교수님의 구원의 형태와 제가 생각하는 구원의 형태가 다르지 않기에, 제가 말한 형태의 이웃과의 열린 주체성이 사회적 맥락에서 어떠한 형태로 진행되어야 하는가라는 면에서 나름대로의 생각을 말씀드려야 할 것 같습니다.

## 묶는 말

구원/해탈이라는 것은 우리의 불안하고 유한한 삶의 모습으로부터 억압이 없는 대자유의 모습으로 나타날 것입니다. 이것은 이교수님께서 말씀해 주신 것처럼 궁극적으로 사후의 문제일 수도 있지만 그것은 또한 지금 이 자리에서의 현실적, 구체적 모습이기도 할 것입니다. 아니 어쩌면 지금 이 자리에서의 구원과 해탈이 더욱 궁극적 모습일 수도 있다는 생각을 해봅니다. 구원/해탈은 서로 다른 종교, 더 나아

48) 이 표현을 직선적 시간의 축에서 이해하면, 죽어서 나의 육신이 부활할 때 몇 살의 신체 나이로 부활할 것이냐는 관념적 질문도 나오게 된다.

49) 기다림의 자세를 불교식으로 표현한다면 수행(修行)이 된다. 하지만 이것 역시 깨어 스스로 돌아봄 외에 다름 아니다. 하느님과 본래 면목이 어디 따로 있는 것이 아니기에 자신 내부의 원래 모습을 향하여 항상 깨어있어 지금 이 자리에서의 자신 모습을 되돌아보는 것이 우리 각자의 기다림의 자세가 된다. 기다림이 곧 깨어 있음이기에 과정과 목적은 결코 둘이 아니다.

가 종교를 지닌 사람들에게나 전혀 갖지 않은 사람들에게나 그 모두에게 있어서 절실한 문제가 되어야 할 것 같습니다.

한편, 이러한 절실함에 근거하면서도 그것이 도그마에 빠지지 않고 그 구원과 해탈의 모습이 선가(禪家)에서 말하듯 지금 이 자리에서의 모습 그대로라고 말할 수 있다면, 어차피 지금 펼쳐진 상황이 깨달음의 모습 그대로이기에 억압받고 힘들어 하는 이웃에 대해서도 특별히 아무 할 것도 없다고 말할 수 있어서 결국 이웃에 대한 방관과 무관심의 모습이 되는 것이 아닌가 하는 관점도 생길 수 있습니다. 하지만 차별(差別)이 아닌 차이(差異)를 인정하기에 '어차피 서로 다르니 있는 그대로 무조건 인정해야 한다.'라고 받아들이는 것 역시 또 다른 획일주의적 생각입니다. 이웃에 대한 무관심과 방관은 차이 인정이라는 미명하에 상대방 개성을 무시하거나 아니면 이로 말미암아 생겨나는 관계에 대한 무지함으로서 나타나는 획일화이기에 저의 표현을 빌리자면 일종의 폭력의 모습을 하고 있는 '깨어있지 못함(無明)'입니다.[50)]

따라서 성경에 보면 원수를 사랑하고 판단하지 말며 네 이웃을 내 몸처럼 사랑하라는 예수님께서 바리새인들을 야단치시기도 하고, 회당에 들어가 잡상인들을 내쫓는 이야기가 나옵니다. 초기 경전에 보면 부처님도 열심히 수행하지 않거나 엉뚱한 주장을 하는 이들을 꾸짖고 바로 잡습니다. 결국 종교적 메시지의 본질은 관계의 복원일 것입니다. 인간의 헛된 욕심과 이로 인해 생겨난 잘못된 상황에 의해 -그것이 개인적이건 사회적이건- 억압되고 있는 인간을 위해 적극적인 관계 개선을 위해 참여하는 모습이야말로 관계에 깨어있는 모습이며,

50) 종교 간의 대화를 위해서 '서로 다름을 인정한다.' 정도의 수준에 머물러버리면서 상대방 종교에 대한 진정한 이해를 하지 않는 모습이 여기에 해당된다. 신부님들이나 수녀님들이 불교대학에서 열심히 공부하는 것에 비해 스님들이 신학대학에서 기독교를 공부하는 모습이 거의 보이지 않는 것은 무엇을 말하고 있음인가.

구원의 모습일 것입니다. 이 부분에 대한 자세한 논의는 본 글의 범위를 넘어서기에 생략하겠습니다만, 이런 점에서 구원/해탈이 어떻게 현실의 삶에서 구체화되어 나타나는 가에 대한 이 교수님의 말씀에 대하여 저는 새삼 동감할 수밖에 없습니다.

좋은 글을 주셔서 문외한인 제가 다시 한 번 저를 되돌아보고 더 나아가 제 주위를 다시금 살피게 해주신 점에 감사드리면서 이만 줄입니다.

제2부

# 불교의 해탈

서구의 열반 이해의 역사와 그 유형 - 불교에서의 구원이란 무엇인가?
: 이민용(참여불교재가연대, 한국종교문화연구소 선임연구원)

Ⅰ. 서언
Ⅱ. 불교이해의 발단
Ⅲ. 무(無)의 공포
Ⅳ. 열반, 부정의 극치로서의 구원
Ⅴ. 사고의 전환, 대승의 해석
Ⅵ. 결어

<논찬> 불교에서의 구원이란 무엇인가 - 서구 열반 이해의 역사와 그 유형 - : 조재국 교수(연세대)

# 서구의 열반 이해의 역사와 그 유형

—불교에서의 구원이란 무엇인가?—

이민용(참여불교재가연대 공동대표)

## Ⅰ. 서언

비교적인 시각은 인식의 출발이자 학문의 발단이기도 하다. 하나의 사상(事象)은 그 자체만으로 파악될 수 없다. 다른 대상과의 비교를 경유할 때 그 사상(事象)의 특징이 드러나기 때문이다. 일찍이 종교를 학문의 대상으로 삼는 종교학(Religionswissenschaft, History of Religions)의 개창자라 할 막스 뮬러(Max Muller, 1823-1900)는 "하나만 아는 사람이라면 그는 아무 것도 아는 것이 없다(He who knows only one knows none)"[51]라는 비교론의 금과옥조와 같은 말을 했다. 나는 이 언표가 오늘의 이 모임을 특징짓고 있으며 또 그 의의를 살리고 있다고 생각한다. 불교학자와 불교신자는 불교를 알고 그 신행을 깊이 하기 위해 다른 종교, 특히 기독교를 알아야 된다. 마찬가지로 기독교 신앙과 신학자들은 기독교 신앙을 더 깊이 하기 위해 불교를 이해할 필요가 있다. 그러나 안다는 일은 항상 가치중립적이고 객관적으로 이루어지지는 않는다. 거기에는 장단(長短)이며 우열(優劣)의 가치 판

51) "Buddhist Nihilism", The Essential Max Muller: On Language, Mythology and Religion, Jon R. Stone ed. 2002, pp. 81-82.

단, 심지어 개인적인 기호에 따른 심리적 선택까지 따르도록 되어 있다. 자기가 좋아하는 것만 모아 비슷한 요인들을 나열한다거나, 나의 성격과 일치시키기 위해 타자의 다른 특징을 환원적으로 처리(reduction)할 수도 있고, 나의 독특한 특징을 맹목적으로 일치(blind identification)시켜 일반화 시킬 수도 있다(generalization). 게다가 종교생활이란 철학적 명제를 수긍하고 따르는 머리속의 작업만은 아니다.

종교생활은 역사·문화적인 배경에서 생성된 것인 만큼 그 발생된 역사·문화의 특징이 없을 수 없고 또 종교적 개성은 살려져야 한다. 각각의 개성을 지니며 함께 살 수 있는 종교생활과 그에 따른 종교이해가 바로 이 자리에서 시도하는 작업의 일단이라 여긴다.

구원의 문제는 종교의 알파이며 오메가이다. 구원에 대한 비교론적인 입장에서의 접근은 중요하기도 하고, 상당한 문제점을 지니기도 한다. 그렇다고 해서 이러한 비교 작업은 중단될 수 없고 끊임없이 추구되어야만 한다. 특히 오늘의 현실이 우리로 하여금 그렇게 만드는지도 모른다. 바람직하지 못한 종교간의 길항관계이거나 특정 종교의 선교활동이 다른 종교를 불편하게 한다거나, 전통의 종교가 외래것을 닮아가는 현상을 목도할 때 이런 비판적 대화의 장은 더욱 요청된다.

이런 맥락에서 내가 무엇보다도 중요하다고 여기는 작업은 종교인(혹은 종교학자)들이 상호이해(혹은 오해)를 향해 걸어온 과거의 행적을 살펴보는 일이다. 그런 작업은 지금의 좋은 의도와 앞날에 대한 전망을 더욱 성숙시킬 수 있는 계기로서 작용할 것이기 때문이다.

## II. 불교이해의 발단

1600여 년 동안 우리와 친밀했던 불교였지만 지금 우리는 그 이해에 있어 거리감을 갖고 있다. 불교교설들의 항목 하나하나를 온당하게 이해하느냐의 문제부터 그것을 종교적으로 실천 수행하는 단계에 이르기까지 불교 이해의 문제는 간단하지 않다. 오히려 오랜 전통 속에 묻혀 있었기 때문에 교설들에 대한 정의와 오늘날의 이해 사이에는 큰 간격이 존재한다. 불가불 학문적인 정리이거나 개념상의 정의를 통해 이해하고 실천의 좌표로 삼을 수밖에 없다. 그러나 불교를 이런 학문적인 통로를 거쳐 정의하게 될 때 많은 문제가 제기될 수밖에 없다.

불교를 학문의 대상, 이해의 대상으로 삼는 것은 그리 오래되지 않았다. 그 주된 작업을 시작한 것은 오히려 서구의 학자들이었고, 그 시기도 2세기를 넘지 않는다.[52] 우리의 경우 근대적인 불교이해의 틀이 마련된 것은 일본 명치유신 이후로 일본의 한반도 침입과 더불어 이루어졌다. 그리고 당시 일본 명치유신의 근대적인 불교학은 서구의 절대적인 영향아래 있었다. 앞서 언급한 막스 뮬러 밑에서 공부를 한 사람이 일본 근대 불교학의 대표적 학자인 난죠 분유(南條文雄, 1849-1927)와 타카쿠수 쥰지로(高楠順次郡, 1866-1927) 같은 학자들이었다.[53]

동양에서 광범위하게 엄연히 존재했던 불교이었지만 이해의 대상, 인식의 대상으로 착안된 것은 서구에 의해서였다. 불교는 일종 '발견되고', '창안되기' 시작한 것이다. 마치 미대륙이 '그 곳'에 엄연히 존재했었지만 서구에 의해 '발견되고', '새로운' 오늘날의 미국으로 '창안'된 것과 흡사한 과정을 겪은 것이다. 서구의 '틀'과 서구인의 '머

52) 서구의 불교학의 발단에 대한 것으로 The British Discovery of Buddhism, Philip Almond, 1988, Cambridge Univ. Press. 이민용, "불교학 연구의 문화배경에 대한 성찰", 종교연구, 제19집, 2000년.

53) 허남린, "일본에 있어서 불교와 불교학의 근대화", 종교문화비평, 한국종교문화연구소, 제8호, 2005년. 야마모리 테츠오, 이태승 역, "근대 일본 불교학의 공과", 인도철학, 제5집, 1995, 287-316쪽.

릿속'에서 불교는 새롭게 나름대로 인식되는 것이다. 이 서구적인 틀에 의해 오늘날 '불교학'으로 지칭되는 학문으로 정착된 역사는 2세기 전의 빅토리아조였다. 그리고 이 짧은 시기를 그때마다 단락 짓는 특징이 있었고 그 매듭 하나하나를 특징짓는 인물들이 등장하고, 당시의 정치적 문화적인 배경이 그들을 뒷받침하고 있었다. 근대적 학문으로서 불교학을 개창하고 정착시킨 공헌자들이 불교의 내용을 결정짓는 관건이 되는 셈이다.[54] 외젠느 부르누프(Eugene Burnouf, 1801-1851)나 리즈 데이비즈(T. W. Rhys Davids, 1843-1922)와 같은 학자들이 있었고 막스 뮬러 역시 그들 중의 한 사람이었다. 그리고 여기서 문제로 삼고 있는 열반에 관한 논문(Buddhistische Nihilismus, 1869)도 그의 초기의 글에 속한다. 그러나 대부분의 시발자들에게서 흔히 드러나듯 그들은 자신이 무엇을 하는지도 모르는 상황에서 불교에 대한 관심을 피력한다. 이 시발자들에게는 처음 호기심 어린 편향성(curious preference)이 배여 있었고, 심각하게 따져보지 않는 편향성(unargued preference)만이 지배하는 상태에서 일정한 학문적 정당성도 없이 불교에 대한 이해를 시도했다.[55] 또 정치·문화적인 배경에서 볼 때 서구의 불교의 발견과 불교학의 성립은 영국의 인도지배라는 제국주의적 지배통치와 맞물려 있었다. 불교를 발견한 것은 지적 호기심을 충족시키는 빅토리아조의 낭만적인 상상력 때문만이 아니었다. 인도에 대한 제국주의적 현지 지배 형태가 불교 발견의 또 하나의 요인이 되었던 것이다. 그리고 학문적 체계, 이해의 틀을 마련하게 되기까지는 불교전통 문헌 속에서 언어 문헌학적인 방법을 통한 조직적 색출작업이 수반되었다. 오늘날까지도 불교학 연구의 전형으

54) 이민용, "서구 불교학의 창안과 오리엔탈리즘", 종교문화비평, 한국종교문화연구소, 제8호, 2005년.

55) Gregory Schopen, "Archaeology and Protestant Presuppositions in the Study of Indian Buddhism", History of Religions, No. 3, 1991, pp. 1-23.

로 자리 잡은 언어학적, 문헌학적 방법은 이런 빅토리아조 학문의 특징이었고 불교연구란 불교원전을 찾아내어 그 불전에 씌어진 교리와 이론을 연구하는 것이었다. 그리하여 불교는 책상 위의 불교, 책장 속의 불교로 화한다. 불교는 다루어질 수 있으며(manageable) 서구적 틀을 따라 분류할 수 있는(taxonomical) 대상이 된 것이다. 곧 불교의 현주소가 동양이기 때문에 아시아에서는 살아 있는 종교이지만 서구에서 불교는 학자들에 의한 수집, 번역, 출판이라는 문헌적 과거(textual past)로부터 출현하였고 서양의 동양학 도서관과 연구소 그리고 그 문헌들 속에만 존재한다. 그래서 불교적 신행이 일어나고 있는 현지인의 증언은 서양학계에서 쉽게 묵살되었다. 그것은 일종 빅토리아조의 이데올로기의 의지였다.[56]

그러면 빅토리아조의 이데올로기는 무엇이었던가? 무엇보다도 타자에 대한 상상을 통한 자기 확대, 그리고 결과적으로 빚어진 제국주의적 지배가 그것으로, 서구의 불교의 발견은 이 경우에 그대로 맞아떨어진 한 경우였다. 지금도 서양에서 불교의 발견과 불교에 대한 열정적인 찬양의 예로 에드윈 아놀드(E. Arnold, 1832-1904)의 「아시아의 빛」(1879)을 들고 있다. 그것은 이국적인 것의 상상력을 그대로 대변하였으며, 그 주제는 불교와 부처님의 청순함이었다. 이 열광의 상상력 배면에는 타자에 대한 배척과 지배를 내포하고 있었다. 기독교의 반응과 선교주의가 그것이었다. 인도와 스리랑카의 선교사로 활약했던 리차드 콜린스(Richard Collins, 1828-1900)의 반응은 이 점을 잘 웅변하고 있다. 그는 아놀드의 부처님과 역사적 부처님을 대비시키면서 "「아시아의 빛」으로서의 부처님은 진정한 실제의 부처상(像)일 수 없다. 마치 알프레드 테니슨의 아서(Arthur)왕이 진정한 아서왕의 상(像)이 아니듯 말이다"[57]라고 발설한다. 더 나아가 그는 이렇게까지

---

56) Philip Almond, ibid, pp. 12-13.

표명한다.

"어떻게 가장 조악한 암흑을 만들어 내는 것이 '아시아의 빛'일 수 있겠는가. 신사 · 숙녀 여러분, 나는 감히 여러분에게 이 지구상의 그 어떤 사람이 되었던 불교 추종자들보다 더 철저하게 유혈과 인간의 고통에 대해 무관심한 사람들이 있을 수 있겠는가를 묻겠습니다. 동시에 인간의 고통과 인간생활에 대해 이토록 사악하고 끔찍한 무관심을 지닌 사람들이 동물의 생활에 대해서 알뜰하게 생각하는 이율배반적인 모순이 바로 '아시아의 빛'으로부터 유출되는 암흑입니다. 그리고 그것을 우리가 '세계의 빛'을 희구하기 때문에 받아들여야 하는 '아시아의 빛'이 된다는 말입니다(박수)…"[58]

그는 일종의 야유적인 비판을 가한다. 불교에 대한 열광적인 찬사와 비판적인 배척의 태도는 서구가 불교를 받아들이는 야누스적인 이중성이었다.

결국 우리는 불교의 발견이 서구의 종교 · 문화적 배경 아래서 이루어졌고, 낭만적 빅토리아조의 열광과 냉혹한 제국주의적 필요에 따른 것이었다는 점을 간과할 수 없게 된다. 나아가 여기서 소위 서구가 아시아를 석권할 때 드러나는 두 가지 패턴, 곧 한편으로 선교활동을 통해 서구적 가치를 밀어 넣는 일과 다른 한편 언어 문헌적 작업을 통해 역사적 현장의 맥락을 끊어 버리면서 불교를 끄집어내는 이원적 작업이 추진되었다고 볼 수 있다. 「밀어 넣고」 「끄집어내어」 창안하는 일이 거의 동시에 행해졌고 그것이 오늘날 서구 불교학의 탄생을 가져왔다. 그러나 그와 동시에 그로 인한 곤경(Predicament)을

57) Richard Collins, "Buddhism and Light of Asia" British Discovery of Buddhism, 1988에서 재인용. p. 2.
58) ibid, 7)의 재인용. p. 2.

동시에 안겨 주었다.[59] 서구학자들의 선교적 입장이나 불교이해와 해석에 있어서 자신의 기독교 신자성을 극복하려 시도한 역사적 실증이 많다 하더라도, 아직도 한 연구자가 위치할 수밖에 없는 문화적·사회적 위상은 어쩔 수가 없다. 서구 불교학자들의 이러한 학문적 곤경은 루이스 고메즈(Luis Gomez)의 발언에서 극명해진다.

> 불교학 연구란 비서구적인 문화산물에 대한 서구적 작업을 지속하는 일이며, 고도의 전문적인 비불교도 청중을 위한, 비서구적 맥락 속에서 일어나는 불교에 대한 담론이다. 이 전문인들의 지적 작업은 서구의 문학·예술·철학의 주류의 흐름에서 떨어져 있으며, 경우에 따라서는 현행 불교의 교리적 성찰의·주류에서도 격리되어 있다… 불교연구와 그 청중은 공동의 언어와 그에 대한 확신을 결여하고 있다.[60]

비서구적 산물을 서구적 지성에 의해 서구적 방향으로 이끌어간 불교연구의 성격을 놓고 고메즈는 불교를 다루는 학자로서의 곤경을 그렇게 실토했다. 이 곤경의 시작이 소위 말하는 오리엔탈리즘의 발단이 되기도 한다.

이제 서구에서의 불교에 대한 관용적인 이해를 표방하거나 그것을 신행(信行)하겠다고 할 때 부딪치는 어려움은 바로 서구가 만든 개념의 틀, 이해의 틀의 한계였고 그것이 온전한 불교이해의 걸림돌이 되고 있다.

---

59) 이민용, "학문의 이중교배: 왜 불교신학인가", 종교문화비평, 한국종교문화연구소, 제3호, pp. 168-175, 2003.

60) Luis Gomez, "Unspoken Paradigm, Meanderings through the Metaphors of a Field", Journal of International Association of Buddhist Studies vol 18. No. 2. Winter, 1995, p. 190.

## Ⅲ. 무(無)의 공포

모든 종교의 귀결점인 구원 그리고 따라서 불교교설의 궁극점인 열반은 어떻게 이해되고 수용되었던가. 열반에 대한 이해는 서구 지성인들은 물론 수많은 선교사들과 기독교인들의 공포의 대상이었다. 열반은 그들에게 '무명의 공포(namless terror)'로 다가왔다. 불교가 종교이어야 했을 때 그것은 서구 지성과 신학체계에 대한 큰 도전으로 비쳤다. 당시 열반과 무아(無我), 무상(無常)을 주장하는 불교는 공포의 '무(無)의 종교'였다. 소위 무(無)와 무화(無化), 또는 공(空)을 신봉하는 끔찍한 종교(horrible religion of nothingness)이고 열반의 절멸(絶滅, annihilation)은 허무(nihilism)와 동격으로 해석되어 서구 기독교의 생 중심의 긍정적 세계관과는 대치적인 입장으로 놓이게 되었다. 실제로 기독교만의 위대성을 표방하기 위해 불교를 부정적으로 몰아세운 것은 아니었지만 기독교로서는 새로운 도전으로 열반을 생각했다. 따라서 불교교설 가운데 서구에서 최초로 열띤 논쟁을 불러일으킨 것도 이 열반이었고 열반에 대한 이해는 서양의 불교이해의 '시발'이자 '종점'이라고 생각되었다.

로저 폴 드르와(Roger-Pol Droit)의 무의 숭배(Le Culte du Neant)라는 저술은 불교가 유럽에 불러일으킨 정신사적 충격을 잘 소개하고 있다. 근대 불교학의 개창자인 외젠느 뷰르느프(Eugene Burnouf, 1801-1852)가 1832년 꼴레주 드 프랑스의 산스크리트어 교수로 취임한 사건을 이렇게 묘사한다.

> 파리에서 처음으로 공포 분위기가 일어났다. 꼴레주 드 프랑스대학에 외젠느 뷰르누프를 임명함으로써 불교학 연구는 과학의 시대로 진입되었다. 그러나 카톨릭계와 정신주의자들은 「악의 원리」에 대

해 심각한 생각을 하게 된다. 이 「악의 원리」는 절멸의 교설을 갖고 유럽을 공포에 떨게 하기 때문이다.[61)]

이 말은 비록 간명한 표현이지만 당시의 지적·종교적 분위기를 직설적으로 웅변하는 언표로 생각된다. 그리고 뷰르누프와는 동료이자 함께 산스크릿을 공부하였으며, 불교학 연구의 효시를 이룬 뷰르누프의 「인도 불교사입문」(Introduction d' Histoire du Boudhisme Indien)의 서문을 써준 바르텔레미 쌩 틸레르(Barthelemy Saint-Hilaire)의 발언 또한 당시의 불교에 대한 문화·사회적 경향을 잘 반영시키고 있다. 그는 불교를 감염력이 강한 니힐리즘으로서 인간에 대한 봉사를 불모적인 것으로 만드는 '괴물스러운 일(monstrous enterprise)'라 비평한다. 그리고 자신의 불교 소개서인 「부처와 그의 종교(Le Bouddha et sa Religion)」의 서문을 이렇게 쓰고 있다.

불교에 대한 이 책을 출간하는 데에는 오직 하나의 목적만을 시도하고 있다. 유익한 진리와 우리의 영적 믿음의 위대성과는 전혀 상반되는 입장을 표명하려는 것이다. 경탄해 마지 않는 철학과 종교 가운데서 성숙된 우리는 그들(불교)의 가치를 알려고 추구하지도 않고 우리가 불교에 큰 빚을 지고 있는 일마저 무시하려 한다… 불교를 연구한다는 일이 지구상에서 어느 종교보다 더 많은 추종자를 지닌 한 종교가 인간의 행복을 위해 얼마나 작은 기여를 하는 것인지를 보여 주려 한다. …불교 신앙을 따를 때 무엇을 두고 영원한 구원(eternal salvation)이라고 하며 인간은 어떻게 윤회의 법칙에서 벗어날 것인가?

오직 하나의 길만이 있다. 열반(涅槃, Nirvana)을 얻는 일이다. 그것

61) Roger-Pol-Droit, *The Cult of Nothingness*, Le Culte du Neant의 영역본, 2003, Univ. of N. Carolina, pp. 75-90.

은 절멸(絶滅, annihilation)이다. 부처님이 가르친 고행과 덕목을 실천하여 절멸에 도달할 때 인간은 어떤 형태로이건 이 혐오스러운 존재의 순환 속에 다시 태어나지 않을 것이라고 확신한다… 무(無)로부터 시작되었으므로 무(Neant, Nothingness) 속으로 끝난다는 것은 자연스럽다. 그리고 불교는 불가피하게 이 결론으로 유도될 수밖에 없다. 우리들에게는 그토록 공포스럽기만 하지만 불교도들에게는 그토록 위안이 되는 결론인 것이다. 신 없이 태어나고, 신 없이 생활하니 죽은 후에 신을 발견할 수 없다는 것은 놀랄 일이 못된다. 그는 자신이 유래된 무에로 즐겨 돌아가는 것이다. 그것이야말로 불교도가 알고 있는 유일한 귀의처일 수밖에 없지 않겠는가?[62)]

길게 인용한 내용은 그 자체가 자명한 것이기에 더 이상의 설명이 필요 없겠으나 쌩 틸레르의 경력을 살필 필요가 있다. 그는 다채로운 경력을 소유한 사람으로 당시 구라파의 문화·정치 분위기를 대변하는 인물로 평가해도 좋을 사람이다. 그는 저널리스트였고 정치에도 관여하여 그의 자유로운 사상은 항상 정부의 요시찰 대상이 되기도 했다. 그런가 하면 학문적으로도 아리스토텔레스의 전저작을 60년간에 걸쳐 불어로 번역하는 전형적 유럽의 지성이었다. 불교학을 위한 산스크리트만 공부한 것이 아니라 그의 불교전통에 대한 전문성은 중국·일본의 불교역사까지 확대되고 있었다. 그와 함께 공부한 막스 뮬러도 그를 '최초의 불교사학자'라고 칭송할 정도로 불교를 꿰뚫고 있었다. 그러나 그의 불교를 접근하는 태도는 지금 우리가 인용한 구절에 잘 나타난다.[63)] 그것이 불교에 대한 그의 지식의 한계라거나, 이해의 폭과 깊이가 결여된 것은 아니었다. 그것은 일차적으로 그가

---

62) Barthelemy Saint-Hilaire: *The Buddha and his Religion*, Le Bouddha et sa religion의 영역본, 1895, pp. 13-14.
63) Guy R. Welbon: *The Buddhist Nirvana and its Western Interpreters*, Chicago Univ. 1968, pp. 248-296.

처한 종교·문화적 여건의 한계라는 것이다. 불교를 이해하기 위한 최초의 학문적 시도로 부각시킨 주제는 열반이었고 그 주제는 기독교적인 구원론과 상응하는 것이었다.

그래서 열반과 구원은 동서의 정신적·종교적 만남의 결정적 계기를 열었다. 하지만 그것을 해석하고 이해한 방법은 단순하지 않다. 아마도 열반과 구원은 두 종교이해의 방향을 앞으로도 계속 교훈적으로 암시할 것 같다.

## Ⅳ. 열반, 부정의 극치로서의 구원

불교에서 열반이 교리적인 각광을 받은 것은 상당부분 앞서 말한 불교에 대한 학문적 발단을 연 서구 불교학자들에 의해서였다. 그리고 그 문화·종교적 배경은 비교론적이고 한 걸음 더 나아가 대치적인 가치평가를 전제로 하고 있었다.

실제로 비교론의 선구자인 막스 뮬러의 중요한 논제 역시 열반이었다(Buddhistische Nihilismus, 1869). 이 주제는 논쟁을 불러왔고 열반에 대한 지속적인 논의는 루이 드 라 발레 뿌쌩(Luis de la Vallee Poussin, 1869-1938)의 「열반의 길(The way to Nirvana, 1917 Cambridge Univ. Press)」과 스체르바츠키(Theodore Stcherbatsky, 1866-1942)의 「불교의 열반 개념(The Conception of Buddhist Nirvana, 1927)」이라는 불교학의 관건적인 저술들을 배출시키고 이후 불교학 연구의 중요한 개념 틀로서의 역할을 한다. 열반에 대한 이 두 특징적인 해석은 서구의 불교이해의 두 축을 마련한 셈이다.

그러나 한결 같이 언어·문헌학적 방법을 차용한 연구 방법이었고 초기 불교의 전거들을 색출하며 열반에 대한 정의를 내리고 그 의미를 확정지으려 했다. 뿌쌩 이전의 열반에 대한 논의들은 거의 소승불교 텍스트에 나오는 Nibbana(Nirvana)에 대한 어원 분석인 Nir√va; '불어서 끊다'는 풀이에 근거를 둔다. 모든 인간적인 요건들을 지멸(止滅)시키는 일, 곧 탐욕(貪, raga), 혐오(嗔, dosa), 어리석음(痴, moha)이란 인간 조건이 불꽃처럼 타오르는 것을 소멸시켜 없애버리는 일을 열반(Nirvana, 불어 꺼 없애버림)이라고 해석했다. 따라서 열반은 타오르는 열(熱)을 식힌다는 의미로 차갑게 하고 냉각시킴을 의미했고, 열의 근원으로서 불을 꺼 없앤다는 의미에서 소멸을 뜻했다. 불의 소멸이란 상징성을 통해 인간 생존 현상인 열정과 그로 인해 파생된 고통의 근절을 설법한 것이다. 그러나 이러한 열반의 뜻매김도 초기 경전에서 일관성 있게 설명된 것은 아니다.[64] 마치 기독교의 구원이건, 종말론 역시 예수님에 의해 처음부터 명료하게 말씀된 것이 아니듯 말이다.

장아함경(長阿含經, Majjhimanikaya)에서 바차고따(Vacchagotta)의 형이상학적인 질문인 부처님은 죽은 후 어떻게 될 것인가고 물은 것에 대한 답변이 열반론의 발단이었다. 그 후 인간존재의 양태에 대한 설명이 후대 불전학자들과 수행승들인 아비달마(阿毘達磨, Abhidharma) 논사들에 의해 정리되고 해석되었다. 오히려 부처님은 바차고따의 질문에 대해 답변을 거부했다. "나는 그러한 것에 대한 견해를 갖고 있지 않다(na kho aham vacca evam ditthi)"고 말한다. 무의미한 형이상학적 질문, 깨달았다고 하는 여래(如來)의 사후의 존재 여부, 사후에 다다를 세계의 유무(有無), 그리고 이 세상은 불멸할 것인지의 질문이 가져올 해독을 간파했다. 소위 10무기(無記, 혹은 14無記)로 기록된 부처님이 답변을 회피한 사항들 가운데 불교의 구원론인 열반이 포

64) 초기 불교와 부파불교의 열반에 대한 여러 이론들은 최근 영국 Oxford 대학에 학위논문으로 제출된 황순일 교수의 Metaphor and Liberation: A Study of Doctrinal Development of Nirvana를 참조했다.

함되고 있다. 그러나 마지못해 답변한 불은 땔감이 공급되지 않을 때 '연료가 없어서 꺼졌다(anaharo nibbuto)'라고 말하는 것처럼 여래(如來=부처님)의 사후도 그와 같다고 답변한다. 곧 꺼진 불은 다시 타오를 수 없는 것과 같이 열반에 든 여래는 더 이상 새로운 생(生)이 없다는 것을 말한다. 그것을 어느 것에도 의지하지 않는 열반(無余依涅槃, anupadisesanibbana)이라고 한다. 그리고 아직 살아 활동하면서도 탐·진·치(貪·嗔·痴)를 소멸시킬 수 있으며 그러한 수행자는 아라한(阿羅漢, Arhat)이고 그는 육체적·사회적 여건에 의지하는 열반(有余依涅槃, saupadisesanibbana)에 들 수 있다고 상대적인 열반의 길을 마련해 둔다.[65] 이 두 종류의 열반은 이후 부파불교의 논사들에 의해 수많은 논쟁과 논리적 정합성을 거치면서 불교의 스콜라티씨즘(scholaticism)을 형성시켰다. 마치 기독교의 중세교부 신학의 형성과도 일맥상통한다.

스콜라 철학의 다양성만큼이나 부파적인 아비달마 불교의 다양성은 각기의 특징들을 지니고 있다. 그리고 그 특징들을 따른 해석은 삼법인(三法印, 모든 것은 본질이 없다. 모든 것은 영원한 것이 없다. 따라서 모든 것은 고통이다.)을 전제로 한 현실 분석과 존재 분석을 한다. 그러나 열반은 간결하게 '없애 버림(絶滅)'으로 정의 되었다. 특히 앞서 언급된 서양 불전 학자들의 기호에 따른 정의가 결정적 역할을 한다. 열반이란 어휘가 지닌 부정적 요인인 지멸(止滅, nirodha)과 탐욕의 부재(無貪, trisnaksaya) 그래서 조건 지워지지 않음(無爲, asamskrta)을 액면 그대로의 의미로 받아들이는 것이다. 극복되어야 할 현실, 제고되어야 할 인간조건을 지시하는 종교적 실천의 의도이거나 이 말이 지닌 상징적(종교적) 의미는 배제된다. 말이 지시하는

65) 황순일, "테라바다에서의 찰나설과 열반", 인도철학, 제13집, 1호, 2003년. 황순일, "멸진정과 두 가지 열반이론", 불교학연구, 제11호, 2005년 참조.

유물적 의미를 쫓아 불교는 모든 것을 배제하는 허무주의로 평가된 것이 초기 서구 불전학자들의 이해였다. 그러나 열반의 동의어로서 moksa(解脫)도 사용되었다. 지멸시켜야 할 상태로부터 벗어나야 되는 상황을 지시하는 말이다. 벗어난다는 의미로 볼 때 도달하여야 하는 상태는 화평과 열락을 향하는 일이다. 곧 피안(彼岸) 다른 쪽 언덕이라는 의미에서 초월을 의미하는 것이다. 이런 이해의 전환점을 마련한 서구학자가 드 라 발레 뿌쌩이었다.

열반을 현실의 고통, 인간적 한계 상황을 벗어나는 것으로 해석한 초기의 이해방식을 기독교의 종말론적 상황 극복이라는 점과 대비적으로 이해할 수도 있다. 신약성서의 '끝 날'이라는 표현은 창조시작 때의 질서로 되돌아가는 회복의 날을 의미한다.

하나님의 나라가 가까웠다는 말씀은 고통 찬 현실을 부정하고 거부한다. 그리고 다음 단계에 도래할 즐겁고 복 많은 상태를 지양한다. 그래서 하나님의 나라의 도래를 혼인잔치에 비유한다. 그리고 "하나님의 나라는 눈에 보이게 오는 것이 아니고 또 여기 있다 저기 있다고도 말할 수 없다. 보라. 하나님의 나라는 너희 가운데 있다(눅 17:20~21)"고 예수께서 대답하시는 것이다. "마지막 날에 얻게 되는 것은 부활이며 그것은 영원한 생명을 누리는 것을 의미한다(요 6:39, 40 · 44)."[66)]

윤회과정을 통해 재생된다고 하는 교설마저 악취(惡趣, durgati)로 갈 것을 말하지 않고 오히려 선취(善趣, sugati)로 지향할 것을 강력하게 암시한다. 수행의 참선의 경지에서도 희락천(喜樂天)을 말한다. 열반이 무엇이냐 하는 정의가 중요한 것이 아니라, 어떻게 열반에 이르느냐가 관건이다. 뿌쌩의 다음의 말은 학문상의 지적 활동과 정의, 그

66) 이상호, "종말사상 출현의 역사적 배경", 종말론의 올바른 이해, 기독교사상 편집부 엮음, 대한기독교서회, 1993, pp. 9-19.

리고 종교적 실천 사이의 차이를 극명하게 밝히고 있다.

> 우리(학자)들이 만족할 수 없는 서술에 대해 불교도들은 만족해 왔다. 수세 기간을 걸려 우리의 생각을 명확히 표현해 온 것에 대해 인도인들이 그대로 공감한 것은 아니었다. 그리고 우리는 불교교리를 밖으로부터 다루며 불교에 대한 믿음도 갖지 않고 불교를 다루고 있다. 열반이란 우리 학자들에게 고고학적 흥미의 대상일 뿐인데 반해 불교도들에게는 지고의 실천적 중요성을 지닌다. 우리들의 작업이 열반이 무엇인지를 연구해야 하는 일이라면 불교도들에게 있어서 열반이란 도달해야 될 일이다. 서로 매우 다른 목적을 갖고 있는 셈이다.[67]

그는 이런 발언과 함께 열반의 종교적 실천의 의미를 부각시킨다. "열반의 기저는 불교적 종교인에게는 천국과 동의의 의미를 지닌다"[68]고까지 발설하는 것이다. 여기서 다시 한 번 기독교적인 천국과 불교의 열반의 긍정적 세계를 대비시킬 필요는 없다고 본다. 적어도 종교적인 언어와 종교적인 표현이 지닌 상징과 메타포를 고려에 둔다면 두 종교적 경지의 유사성은 자명하기 때문이다.

## Ⅴ. 사고의 전환, 대승의 해석

열락이 최고선(最高善, summum bonum)의 이상적인 차원이라면 부

---

67) "Nirvana 항목", *Encyclopaedia of Religions and Ethics*, J. Hastings, ed. pp. 376-379. De La Vallee Poussin 기술 항목.

68) De La Vallee Poussin: *The Way to Nirvana*, pp. 107-115.

처님은 기적을 일으킨 환술사 같고 열반이란 또 하나의 대상으로서의 신앙으로 떨어진다. 긍정적인 해석은 좋지만 불이 꺼지는 것으로 비유된 절멸이란 말의 뜻을 취소할 수밖에 없다고 스체르바츠키(Stcherbatsky)는 드 라 발레 뿌쎙을 비판한다. 그것은 불교자체의 기본 성격을 왜곡시켰다고 지적한다. 여기서 열반에 대한 대승적 해석이 제기되고 그것은 중론사상에 근거하게 된다.

불교의 기본교설은 무엇이었나? 모든 것은 무아(無我, naitratmya)이고 무상(無常, anitya)하여 모든 것은 고통(一切皆苦, dukkha)이어서 그러한 진리를 알고 그 현실에서 벗어나는 일이 열반이라고 했다. 그리하여 열반을 획득하기 위한 부단한 수행, 그 결실로 얻어진 감각적·개념적 상태의 지멸(想受滅定)의 멸진정(滅盡定, nirodhasamapatti)을 최상의 목표로 삼았다.

모든 사물은 찰나적으로 상호의존적으로 존재할 뿐이다. 영원한 것은 없다. 의존성 속의 존재(緣起, pratityasamutpada)일 뿐이다. 거기서 실체를 찾으려 할 때 그런 영원한 실체는 없다(空, sunya)고 말할 수밖에 없다. 중도론(中道論, madhyamaka)은 초기 불교의 지멸(止滅)의 전통을 다시 강조한 것이다. 상대주의적이고 찰나적 존재론을 배경으로 한 것이고 요소적 존재(法, dharma, elementary existence)들만이 현상의 존재 양태이다. 사물은 각각의 요소들의 집합으로 이루어진 다원성을 지니고 있으며 현상으로 나타난 사물은 하나의 이름(명칭) 뿐이다. 다원주의적이고 유명론(唯名論)적인 성격을 지닌다.

법(法, dharma)은 그 자체 궁극적인 것이 없다. 그것은 절대성이 결여되었고 상대적으로 존재할 뿐 실재성이 없다(空한 것이다). 대승 중론사상을 초석 지은 용수(龍樹, Nagarjuna)의 공(空, Sunyata) 이론의 근간이다. 이러한 공사상을 근거로 스체르바츠키는 불교에 가해진 허무주의적 성격을 벗겨내려 했다. 곧 드 라 발레 뿌쎙이 열반의 초월적 이상주의를 주장하며 중론의 해석을 '순전한 허무주의(pure nihilism)'라 비평한 것에 대한 반론이자 대승적 해석을 펼친 것이다.

순간적(시간적) 상호연관 관계에 의존하여 존재하는 사물은 상대성(relativity)일 뿐이고 그 내용은 공(空, sunyata)일 수밖에 없다. 곧 존재양태의 보편적 상대성을 의미할 뿐 사물의 실체를 부정하는 허무주의는 아니다. 오히려 공은 '영원의 상 아래(sub specie aeternis)'의 일자(一者)의 실재일 수 있다.

이렇게 열반은 한 개인의 심리적인 열락(悅樂)의 상태의 표현이기도 하지만 존재론적인 입장에서는 초월적인 실재로 상정될 수 있다. 곧 현실의 거부, 현실을 현상으로 부정하는 행위는 초월적 근거를 추구하는 행위로 생각될 수 있기 때문이다. 열반 또는 空의 개념이 긍정적으로 설명될 수 있는 실마리를 트는 것은 이런 이유에서이다. 여기서 스체르바츠키에 의해 칸트의 초월적 이상주의가 용수의 공사상(空思想) 이해의 사상적 틀로서 또는 용수해설의 이데올로기로 정착된다.

인간은 물자체(物自體)를 직접 알 수 없으며, 물자체란 현상 세계를 넘어서는 것이지만 현상의 근거로서 어떤 형태로든 존재할 수밖에 없는, 요청되는 실재이다. 연기로 이루어진 현상세계는 존재론적으로 공(空)이므로 모든 현상적인 것은 부정될 수밖에 없다. 세속적(Samvritisatya)인 것은 존재론적인 입장에서 영원하지 못하고 현상의 세계에 속하므로 사라지고 소멸될 뿐이다. 일체개공(一切皆空)은 현상세계를 설명하는 최적한 존재론적 표현이다. 그러나 현상세계를 넘어선 다른 형태를 상징할 수밖에 없다. 여기에서 곧 공(空)은 무(無)가 아닌 현상을 넘어선 '무엇'이라는 이해를 하게 된다.

중국불교에서 진공묘유(眞空妙有)는 공을 넘어선 '무엇의 존재'라는 면에서 공을 적극적으로 표현한 하나의 긍정적 표현양식이라 생각된다. 스체르바츠키 역시 공에 대한 부정적 측면의 해석을 넘어서, 공(空)을 적극적으로 표현하기 시작한다. 공(空)은 '허무주의적 표현'이 아니며 오히려 경험적 현상으로 드러난 연기(緣起) 관계의 실재들을 표현할 따름이다. 그것은 물자체의 실재, 곧 '절대적인 것'을 부정하는 것은 아니다. 모든 실재는 궁극적으로 단일한 하나(ultimate oneness of all reality)라고 해석한다. 서양철학적 입장에서 말하면 그는 용수의 공(空)에 대해 적극적인 일원론(radical monism)으로 이해하고 이러한 입장을 피력한다. 스체르바츠키는 가장 철저하게 칸트적인 입장에서 공을 파악했고, 불교사상의 전 체계를 이런 입장으로 끌고 가 칸트적 맥락에서 해석하고 있다. 그는 용수의 사상만 이런 방식으로 해석한 것이 아니라 인도 불교사상의 마지막 단계를 장식하는 정치한 논리적 전개를 하는 진나(陳那, Dignaga, 4세기)와 월칭(月稱, Dharmakirti, 7세기)의 저술도 이런 일원론적 입장에서 해석하고 있다.

실제로 스체르바츠키의 불교 인식론은 칸트의 '개념과 직관'이란 이율성(二律性)의 도식을 그대로 불교의 '감각과 의식(意識)'이라는 구분과 일치시키고 있다. 곧 불교에서 외부세계를 파악하는 것은 감각뿐이고 감각에 주어진 대상세계의 사물은 식(識)에 의해 구성된다는 불교 인식논리의 방법을, 직관에 의해 파악된 것을 개념에 의해 구성한다는 칸트의 도식에 대비시킨다. 너무 단순화시킨 감이 없지 않지만 그의 불교사상 이해는 항상 이렇게 이원적(二元的) 구성으로 되어 있어 칸트의 현상/본체라는 이원적 구조가 불교사상의 중요한 개념 틀로 그대로 적용되고 있다.

속제(Samvritysatya)와 진제(Paramarthasatya), 경험적 세계(輪廻, Samsara)와 절대적 세계(涅槃, Nirvana)의 이원성이 스체르바츠키에 있어서는 전혀 다른 두 세계의 단절로 나타난다[69].

---

69) 이민용, "불교학 연구의 문화배경에 대한 성찰", pp. 64-66.

경험적 세계로서의 윤회와 절대적 세계로서의 열반의 상반되는 두 세계는 서로 상대적인 위치를 지닌다. 그리고 이 두 세계는 서로 넘나드는 세계로 이해된다. 중론에서 말하는 윤회 즉 열반, 열반 즉 윤회(輪廻卽涅槃, 涅槃卽輪廻)의 경지이다. 속제에 속하건 진제가 되었건 이 두 세계에는 어떤 경계와 한계도 인정되지 않고 단절된 두 세계를 철폐시키는 것이 용수의 진속이제(眞俗二諦)이다. 그는 "열반과 윤회 사이에는 아무 것도 없다. 열반의 한계가 윤회이고 윤회의 한계가 열반이며, 이 두 사이에는 아무 것도 없다"고 주장한다. 열반은 다른 어떤 곳이어야 한다는 피안(彼岸)에 대한 유물론적 단계적인 사상을 철폐시킨 것이다. 모든 것이 공하다면 일어날 것도 없고 소멸할 것도 없는데 무엇을 소멸시키고 무엇을 끊는다고 하여 열반(혹은 피안)의 존재를 주장하겠는가(一切法空 無生無滅者 何斷何所滅 而存涅槃)고 명제를 세운다. 열반을 대상으로서의 존재로 설정한 것이 잘못이라는 것이다. 도달되어야 할 대상(到彼岸)이 아니라는 것이다.

그리하여 열반은 세간과 조금도 차이가 없다. 세간은 열반과 조금도 차이가 없다(涅槃與世間 無有少分別 世間與涅槃 無少分別)고 결론 짓는다[70]. 용수의 이런 해석은 반야경전에 의거한 거의 혁명적인 새로운 이해 방식이었다. 열반과 윤회는 상호 상의적이어서 어느 한쪽을 절대화시킬 수 없다. 또 용수에게서 이원적 단절은 볼 수 없다. 따라서 타기해야 할 윤회는 열반을 전제로 해야 되고 도달될 이상으로서의 열반은 윤회를 근거로 해야 된다. 현실을 떠난 이상 세계인 천국이 있을 수 없고 천국의 전제 없이 현실은 발붙일 근거가 없는 것이다. 그리고 그런 상황은 지금・여기(Hic et Nunc)에 있는 것이다.

서구에서의 불교이해 특히나 구원론의 이해는 이중적 구조를 지닌다. 일차적 부정주의인 무의 공포에서 벗어나기 위한 드 라 발레 뿌

70) 龍樹, 中論, 박인성 번역, 주민출판사, 2001, pp. 441-466.

쌩의 종교적 실천의 이상론적 접근이 있었다. 그에 대한 반대이론으로 스체르바츠키에 의한 중도론적 공이론이 제기되었다. 공은 허무주의적 표현이 아니며 경험적 현상으로 드러난 연기(緣起) 관계의 실재들을 표현할 따름이다. 그러나 현상세계를 넘어선 다른 '무엇'의 본질의 영역을 말한다.

스체르바츠키의 이런 이해는 당시 지배적인 서구사상의 칸트적 틀에 의한 도식이라고 평가되었다. 그리고 이 해석이 지닌 탁월한 점만큼이나 비판될 소지도 많다. 그리고 그것을 기독교적인 관점과 상관시킬 때 우리는 양자의 매우 유사한 모습에 놀라고 있다.

이미 열반과 윤회는 다른 것이 아니고 하나이고 공통된 근거를 갖고 있다고 주장한 것은 중관론뿐만 아니었다. 그것을 보다 긍정적인 정신의 세계로 심화시킨 것이 유식론(唯識論)이었다. 곧 마음(心)을 근거로 한 이해이다. 모든 것이 무이고 공하다고 하지만 그것을 그렇게 인식하는 식(識)의 작용은 긍정할 수밖에 없다. 식(識)의 활동근거는 마음이고 마음은 미혹(윤회)과 깨달음(열반)이 공존하고 있는 근거이다. 모든 사람에게는 내재적으로 불성(佛性) 곧 깨달은 마음이 있다. 불성의 중핵으로 부처의 씨앗 같은 것이 내재한다고 하여 그것을 여래처럼 될 수 있는 가능성으로 여겨 여래장(如來藏, Tathagatagarbha)이 있다고 말한다. 곧 내재적 초월이라고 할 불교의 구원론으로 발전된다.

끝으로 한국에서의 불교 구원론인 열반은 어떻게 이해되고 수용되었는가? 우리 학자들의 인기 스타인 원효에게 열반경에 대한 해석서인 「열반경종요」(涅槃經宗要)가 있다. 그 안에서 원효는 우리가 이제껏 기술한 열반의 시대적 이해의 차이이며 의미론적 차이를 낱낱이 들면서 열반의 유형을 거의 같은 맥락으로 전개시키고 있다.

먼저 그는 열반에 대한 정의를 어원상 다의적(多義的)으로 해석할 수밖에 없음을 지적한다.

> 외국어들은 많은 의미를 포함하고 있기 때문에 하나의 의미에만 치우쳐 모든 의미에 해당시킬 수 없다. 그러므로 하나의 명칭으로만 번역할 수 없다.(外國語容含多名訓 此土語備不能相當 是故 不可一名而翻)<涅槃經宗要 韓佛 1, p. 526 上>

따라서 그는 열반을 火滅, 滅度라고 하여 Nirvana의 어원 그대로 번역하고 나아가 不滅, 不來不去 無障碍 無苦 등으로 의미론적 해석을 시도하며 대승적 이해의 길을 튼다. 한걸음 더 나아가 번뇌(煩惱)를 끊는 것, 또는 번뇌를 일으키지 않는 것을 열반이라고 정의한다.

그리고 번뇌의 장애(煩惱障)를 끊을 때 대열반이 얻어지고 이 열반으로 나아가는 과정이 깨달음(Bodhi, 菩提)이라고 주장한다. 깨달음을 얻으려는 불교수행자들의 모든 노력이 결실될 때 번뇌가 없어진 경지에 이르고 그것이 바로 열반이라고 정의하는 것이다. 그리고 현재 여래가 증득한 경지를 대열반이라고 말하고, 앞으로 올 모든 일체 중생은 보편적인 불성(佛性)을 지닌다고 말한다. 곧 열반은 현재 여래로 존재하는 부처에게서 나타난 결과이며 불성은 앞으로 올 미래의 중생에게서 발휘될 결과라는 것이다.(當常現常 二果爲宗 所爲一切衆生悉有佛性 是顯當常 如來所證大般涅槃 是明現常) 곧 부처의 구세주적인 모습과 미래의 구원론적인 의미가 동시에 그대로 현시된 해석인 것이다.

원효에게 이르러 열반이 지닌 부정적 이해로부터 의미론적 해석 그리고 종국적으로 구원론적인 의미가 고스란히 드러나고 있음을 본다. 곧 모든 인간의 구원 가능성을 극명히 밝히는 것이다. 동아시아 불교권은 한국을 위시하여 중국・일본에서 불성론이나 여래장을 중심으로 한 다양한 이해방식이 전개되었다. 소위 천태사상(天台思想), 화엄사상(華嚴思想)의 교학체계이거나 선(禪), 염불(念佛) 신앙은 바로 이 불성을 어떻게 이해하고 어떤 종교적 실천 수행을 통해 마음을 정화(淨化)시켜 깨달음과 열반에 이르느냐에 초점을 두고 있다.

## Ⅵ. 결어

나는 이제껏 서구에서의 불교에 대한 접근 태도이거나 열반 이해의 패턴을 제시했다. 불교의 열반이거나 깨달음이 어떻게 기독교적인 것과 상관되는지에 관해 언급하는 것은 오히려 자제하였다. 불교교설에 대한 이해는 서구적 접근방법이거나 이해의 틀에 일찍부터 노출되었다. 불교사상은 서구사상의 여러 경향을 따라 특색 있게 해석되었다. 드 라 발레 뿌쌩과 스체르바츠키가 그 전형적 예였다. 그리고 아직도 불교를 해석·이해할 때 현대의 우리는 이런 서구의 사상적인 틀에서 자유로울 수 없다.

그리고 비교론적인 시각에서 많은 평가적인 글들도 발표되었다. 지금 그것들은 우리들에게 많은 시사점을 주고 있다. 일찍이 불교학자인 에드워드·콘즈(E. Conze)는 불교와 기독교의 비교론적인 모습에 대해 언급하면서, 비교와 일치라는 문제가 바람이나 상상력에 의해 결정될 수 있는 것이 아니라고 보았다. 공통점보다는 오히려 냉정한 차이를 드러내는 것이 현실적일 수 있다는 점을 그는 강조한다. 그는 '불교철학과 구라파적 대비(Buddhist Philosophy and its European Parallels)'와 '불교철학에 대한 의사(擬似) 대비(Spurious Parallels to Buddhist Philosophy)'를 통해 비교 동기, 비교 내용, 도출된 결론의 차이가 외형상의 일치점을 무효화시킬 만큼의 내적인 차이를 지니고 있다고 주장한다. 가령 정토사상과 마틴 루터의 "오직 믿음뿐"(sola fidei)이라는 신앙형태는 그 유사성에도 불구하고 두 종교 사상사의 체계 속으로 들어가 살필 때 오히려 그 차이가 현격하다는 것이다.

따라서 비교론의 입장이란 두 사항의 ① 유사 근접성(tangential) ② 어느 한 쪽이 다른 쪽에 대한 예비적 전단계(preliminary)이거나 ③ 속기 마련인 오해(deceptive)의 결론에로 이끌리는 것이다[71].

무척 우울한 모습이지만 이것은 우리가 조심하고 극복하여야만 하는 사항들일 수밖에 없다. 그러나 이해는 '자세'를 전제로 한다. 이제 우리에게 비교적인 지식이나 자료가 결여된 것은 아니다. 그것을 어떤 자세로 어떻게 읽어 가느냐가 관건일 뿐이다. 그리고 종교적인 이해는 서로를 닮아가는 일이 아니다. 또 우리의 속담에 미워하며 닮아간다는 말도 있다. 각 종교에는 의례와 전통과 역사가 깃들어 있다. 각기의 특징이 있으며 그 특징을 근거로 교리와 의식이 발달되어 간 것이다. 평범한 말이지만 특징을 인정한 상호 존경만이 유일한 길이다. 결코 하나만 안다거나, 하나만이 유일한 길이 아니라는 것을 자각할 수밖에 없다.

나의 개인적인 체험이지만 나는 오히려 고 안병무 선생님의 신학 강의를 통해 성서의 메시지는 물론 동양 전통의 중요성을 배웠다. "말씀이 변혁을 일으킨다"는 성서의 말씀이 동양에서는 유교의 성현의 말씀, 불전(佛典)의 말씀일 수 있다고 안병무 선생은 전해주셨다. 아시아계 신학자인 C. S. 송은 "고통이 있는 곳, 그곳에는 구원이 있다"고 말한다. 굳이 칼 라너의 '익명의 기독교'를 언급할 필요도 없다. 극복되어야 하는 실존적 상황이 있다면 그곳에는 분명히 기독교적인 구원이 되었건 불교적인 해탈이 되었건 각 종교의 구원은 그 현장에 있다고 생각한다. 한 마디 덧붙이자면, 앞서 발표하신 이찬수 교

71) *Philosophy East and West* 13:2, 1963, pp. 9-23, 105-115.

수가 불교에 대한 대화적 자세 때문에 해직 교수가 되었다고 들었다. 강남대학교는 중앙신학교가 확대 발전된 학교이다.

내가 중앙신학교의 종교 강좌를 청강한 후 30년 후인 오늘 우리에게 종교에 대한 이해와 지식이 더 축소되었어야 할 이유가 없다. 그것은 한마디로 종교적 자세에 관한 문제이고 종교 이외의 요인들, 정치·사회적인 문제라고 생각한다.

〈논찬〉

# 불교에서의 구원이란 무엇인가?
## -서구 열반 이해의 역사와 그 유형-

조재국(연세대 연합신학대학원)

먼저 제2회 기독교-불교 교수 공동학술회의를 통하여 불자교수들과 기독자교수들이 자리를 함께하여 함께 공부하게 된 것을 기쁘게 생각하며 특히 불교와 기독교의 가장 핵심적인 교의인 구원론을 가지고 토론하게 된 것은 매우 의미 있는 일이라고 생각한다. 모든 종교는 각기 구원론(soteriology)를 근간으로 그 신앙과 교의를 형성하고 있고, 구원의 도리를 사람들에게 전하기 위하여 포교활동을 하고 있다. 자기가 속한 종교교단의 구원에 대한 가르침에 감명을 받고, 다른 사람들에게 그것을 전하는 일은 자연스러운 일이다. 그래서 종교학에서는 폭발성과 선전성을 종교체험의 외적인 특징이라고 말한다. 그래서 신앙인은 자신의 특별한 종교적 체험을 통하여 깨우친 바를 다른 사람에게 고백하고 싶어 하는 것이다. 그런데 서로 다른 종교의 신앙을 가진 사람들이 자신의 믿는 바를 주장하고자 하면 일방통행적 말하기로 그치고, 양방통행적 소통이 이루어지기 어려울 것이다. 따라서 종교간의 대화는 자신의 신앙이나 교의가 아니라 이웃종교의 신앙이나 교의에 대하여 진지하게 경청하는 태도가 필요하다. 또한 자신이 이해한 이웃종교의 교의에 대한 이야기를 할 때는 겸손한 태도를 견지하여야 한다. 이번 공동학술회의는 불자와 기독자 간의 시원한 소통이 이루어지는 모임이 되기를 바라면서 존경하는 이민용 교수님의 논문에 관하여 소박한 의견을 피력하고 불교의 구원론에 대한 자신의 소박한 이해를 말해보고자 한다.

발제자는 서구 종교학자들이 불교의 구원론의 키워드인 열반에 관하여 이해하고 주장한 내용에 대하여 먼저 방법론적 문제를 제기하고 있다. 비교론적 접근이 가지고 있는 장점과 단점을 적시하면서 주로 서구 기독교학자들이 전개한 열반에 대한 이해에 대하여 문제를 제기하고 있다. 비교종교학적인 연구방법이 서로 다른 점은 잘 드러내는 반면에 비슷한 점을 지나치게 부각하거나 도식화 혹은 수치화하게 되면 본질적 의미를 왜곡시킬 수도 있다. 따라서 각 종교의 핵심적 교의인 구원에 대한 가르침을 비교론적인 입장에서 접근하는 것은 상당한 문제점을 지닐 수밖에 없다는 주장은 적절한 지적이라고 보여 진다.

서구학자들에 의하여 불교가 "발견되고", 창안되기" 시작하였고, 그들이 존재론적 한계로 인하여 편향성(preference)을 지닌 채 불교에 대한 이해를 시도할 수밖에 없었다는 사실을 인정하지 않을 수 없는 면도 있다고 본다. 초기의 종교학자들이 대부분 기독교 선교사들로서 처음부터 불교에 관심을 가지고 학문적 연구를 한 것이 아니었다. 그들은 불교를 선교 현지에서 접하는 하나의 문화현상으로 보았고, 수행과 계율을 중심으로 하는 불교의 깊은 차원을 이해하기에는 문화적 격차가 너무 큰 것이었다. 당시 기독교는 실천적인 면에서 보다는 이론적인 면에서 많은 논쟁을 거쳐서 상당한 수준의 교의신학을 형성시키고 있었지만 불교는 실천적인 수행과 계율에 중심을 두고 있었기 때문에 기독교 신학의 방법론을 가지고 불교를 이해하기는 쉽지 않았고, 많은 불교 경전을 제대로 번역하고 이해하기에는 역부족이었을 것이라고 생각된다. 그럼에도 불구하고, 빅토리아조 시대에 많은 학자들은 새롭게 편입되는 식민지들의 문화와 종교에 대한 관심을 가지고 종교연구를 수행하였고, 그것은 결과적으로 제국주의적 지배에 일정한 역할을 했을 것이라는 것은 쉽게 짐작할 수 있다. 종교학의 아버지라고 불리는 독인학자 막스 밀러가 영국의 옥스퍼드대학에서 종교학을 가르치게 된 것도 영국의 인도에 대한 통치와 관련이 있을 것이라고 보여 진다.

더구나 초기의 종교학자들이 대부분 새로운 식민지의 선교사로서 활동하면서 현지의 종교에 대한 나름대로의 이해를 피력한 것이기 때문에 당연히 선교주의적 시각이 극명하게 드러나고 있음도 인정하지 않을 수 없다. 그리고 그들이 주로 사용한 연구방법론인 언어적, 문헌적 연구는 대상인 종교의 역사적, 실천적 현장은 무시되고, 이론적 구성만을 추구하게 되기 때문에 발제자가 주장한 바와 같이 현장이 사라진 채 창안에 가까운 종교이해에 그치게 된다. 루이스 코메즈의 발언이 아니라고 해도, 서구가 만든 개념의 틀을 가지고 동양의 종교인 불교의 깊은 차원을 이해하기 힘들다는 것은 쉽게 짐작할 수 있다.

서구학자들에게 불교의 "열반(涅槃)"에 대한 이해가 '무명의 공포(nameless terror)'로 다가왔다는 것은 그들이 불교에 대하여 바른 이해를 가지고 있지 못했다는 뜻이겠지만, 서구의 허무주의(nihilism)와 동격으로 해석하였다는 점은 그들의 한계를 드러낸 것이라고 생각된다. 프랑스 학자들이 종교, 문화적 여건의 한계로 인하여 불교를 제대로 이해하는 데는 어려움이 있었을 것이라고 생각되지만 서구인들에게 불교를 소개하면서 기독교의 구원론에 상응하는 것으로 불교의 열반을 부각한 것은 자연스러운 것이라고 보여 진다. 물론 열반의 개념을 이해하고 설명하는데 부족하고 때로는 왜곡시킨 점이 많이 있었겠지만 열반의 개념이 불교의 핵심인 이상 그에 대한 나름대로의 이해를 시도할 수밖에 없었을 것이라고 생각된다.

발제자는 서구불교학자들이 불교의 구원론을 이해하기 위하여 열반의 의미를 기독교의 구원의 의미와 비교론적으로 연구하고, 대치적인 가치평가를 내리면서 열반의 길(Luis de la Vallee Poissin)과 열반의 개념(Theodore Stcherbatsky)에 대하여 말하고 있으나 정확한 이해를 한 것으로 보기 힘들다고 한다. 그들은 언어, 문헌학적 방법을 통하여 열반에 대하여 명확한 정의를 내려 보려고 시도하고 있지만, 본래 불교의 입장에서도 열반에 대한 정확한 뜻을 알기는 어렵다고 한다. 초기 소승불교에서는 심지어 부처님조차도 열반에 대한 질문에 매우 소극적인 답변에 그치고 있는 것으로 나타난다. 부처님은 "꺼진 불은 다시 타오를 수 없는 것과 같이 열반에 든 여래는 더 이상 새로운 생이 없다"고 말한다. 이 말로 인하여 열반은 "없애버림(絶滅)"로 정의되고, 그 언어가 지닌 부정적인 의미로 받아들여지는 것이다. 서구학자들의 언설에서는 이런 언어적인 의미가 부각됨으로써 극복의 대상인 현실이나 인간조건의 재고와 더불어 종교적 상징 등이 배제되어, 불교는 모든 것을 배제하는 허무주의로 이해되었다는 것이다. 따라서 열반은 "해탈(解脫)"이라는 말과 함께 사용되고 이해되어야 한다. 이 말은 현실의 고통, 인간적 한계상황을 벗어나는 것으로 이해되고, 이것은 기독교의 종말론 이해의 시각과 대비시켜볼 수 있다. 여기에서 기독교적인 천국과 불교의 열반을 대비시켜 그 유사점을 찾아 볼 수도 있겠지만 차이점을 부각될 수도 있다.

그런데 열반에 대한 또 다른 이해는 대승불교의 가르침에서 찾을 수 있다. 열반에 대한 대승적 이해는 "모든 것은 고통(一切皆苦)이라는 진리를 알고 그 현실에서 벗어나는 일"이다. 순간적 상호연관의 관계에 의존하여 사는 사물은 상대성(relativity)일 뿐이고, 그 내용은 공(空)일 수밖에 없다. 그런데 이것은 어디까지나 존재양태의 보편적 상대성을 의미할 뿐이지 사물의 실체를 부정하는 서구의 허무주의와는 거리가 멀다는 것이다. 연기(緣起)로 이루어진 세속적인 것은 존재론적인 입장에서 영원하지 못하고, 현상세계에 속하기 때문에 결국 사라지고 소멸될 뿐이다. 스체르바츠키에 의하면 공(空)은 무(無)가 아닌 현상을 넘어선 '무엇'이다. 또한 중도론에서 말하는 "윤회 즉 열반, 열반 즉 윤회"의 경지에서는 윤회와 열반 사이에 아무것도 없다. 더 나아서 세간(世間)과 열반은 조금도 차이가 없다. 그것은 반야경전에서 말하는 열반과 윤회가 상호 상의적(相依的)이라는 말과 통한다. 그리고 유식론(唯識論)에서도 식(識)의 활동근거는 마음이고, 마음은 미혹(윤회)와 깨달음(열반)이 공존하고 있는 근거이며, 모든 사람에게는 내재적으로 불성(佛性), 곧 깨달은 마음이 있다고 본다.

한국의 원효는 깨달음을 얻으려는 불교수행자들의 모든 노력이 결실될 때, 번뇌가 없어진 경지에 이르고 그것이 바로 열반이라고 정의하면서 일체중생은 보편적인 불성을 지닌다고 보았다.

발제자는 이상과 같이 불교의 구원론인 열반에 대해 논하면서 다시한번 비교론이 가진 위험성을 강조하고, 그 위험성의 극복을 제안한다. 그리고 상대의 특징을 인정하고 상호 존경하는 자세가 필요하며 각 종교의 구원은 현장에 있음을 주장한다. 이는 기독교의 구원에 대한 논의가 관념화, 논리화되어 있어서 지나치게 삶의 현실을 떠나 있다는 지적으로 들린다.

마지막으로 오늘의 주제인 불교의 구원론에 대한 나의 소박한 견해를 피력하고, 몇 가지 소박한 질문을 드리고자 한다.

일본의 저명한 불교학자 와다나베 쇼고에 의하면 불교의 일차적인 목표는 해탈(解脫)에 있다. 부처님이나 수도승, 재가불자 모두는 해탈을 목표로 수행하였다고 할 수 있을 것이다. 그런데 해탈이라는 말은 속박으로부터 해방되는 것, 즉 자유하게 되는 것을 의미한다. 그런 면에서 불교는 자유함의 가르침이라고 할 수 있다. 그렇다면 인간은 자유하지 못하고, 어딘가에 속박되어 있다는 뜻인가. 인간은 감성적 세계에서 살면서 욕망을 추구하고, 욕망을 만족시키기 위해서 행동한다. 이 경우, 욕망의 대상은 감각적으로 확인할 수 있는 것으로 물질의 풍요나 육체의 안전, 쾌락이고, 그것들과 관련되어 있는 허영심이나 명예심이다.

그래서 인간은 감성을 넘어선 어떤 것을 의식하고, 반성할 때 자아의식이 형성된다. 자신이 감성으로부터 해방되면 자신에 대하여 생명을 갖는 발전적 존재로 인식하게 된다. 이를테면 감성적 세계에서는 타인은 자기의 욕망을 충족시키기 위한 도구일 뿐이다, 그래서 남을 혹사시키고, 폭행하고 강탈하는 것이다. 그러나 자아의식을 갖는 인간에게는 타인도 한 사람의 인격이며 타인과 함께 집단적 사회를 구성하고, 그 사회와 유기적 관계를 갖는다. 또한 자연에 대하여도 자연을 대상화하고, 파괴하는 것이 아니라 자신을 자연의 하나로 인식하고, 자연을 함께 살아야 할 이웃으로 본다. 그러므로 인간이 본능이나 충동에 지배되는 한, 그에게 자유는 없다. 자유는 자아의식의 확립에 다른 말이 아니다. 자아의식의 형성을 위해서는 수양과 규율이 필수적이다.

불교의 목표가 해탈, 즉 자유라면 이를 달성하기 위한 수양과 계율을 전제하는 것은 당연하다. 불교는 무언가의 속박으로부터 해방되어 자유하게 되는 것이다. 속박이란 무엇인가. 인간을 속박하는 가장 큰 현실은 생, 노, 병, 사라는 숙명이다. 이러한 숙명을 속박으로 의식하여 그 속박으로부터 벗어나기 위해 의식적으로 실천방법을 고찰하고 그것을 실행하려는 것이 불교의 출발점이다. 그리고 그러한 숙명에 속박되어 사는 모습을 윤회라고 말하는데, 불교의 구원론은 바로 윤회로부터의 탈출을 의미하는 해탈을 목표로 하는 것이다.

어떻게 하면 윤회의 끝없는 연속으로부터 탈출할 수 있을까. 윤회가 무서운 것은 끝없이 계속되기 때문이고, 고통스러운 지금의 생애가 다시 오기 때문이다. 윤회로부터 탈출을 간절히 바라는 인도인들에게 죽는 것 보다 재생하는 것이 더 무서운 현실이다. 그래서 인도인들이 추구하는 이상은 다른 민족과 같이 "영원한 복"이나 "영원한 생명"을 추구한 것이 아니라, 그와는 전혀 다른 이상을 추구하였다. 인도인들이 추구한 이상은 윤회로부터의 탈출, 즉 해탈이다. 해탈 혹은 열반이라고 부르는 구속적 상태는 여러 가지로 설명이 가능하다. 어떤 학자는 모든 감각과 지각이 소멸된 절대허무라고 말하고, 또 어떤 학자는 완전한 안락의 세계라고 말한다. 해탈에 의하여 얻어지는 열반의 세계는 "거기로부터 절대로 윤회의 세계에 되돌아오지 않는 절대자유의 세계"하고 말할 수 있다. 통속적으로 현실세계를 이상화하여 열반을 추구하는 경우도 있지만, 엄밀하게 말하면 현실세계와는 격절(隔絶)된 열반의 세계를 지향하기 때문에 자주 "공(空)"이나 "무(無)"와 같은 다소 부정적인 표현을 사용한다.

불교의 해탈이 절대자유의 세계로서의 열반을 한다는 점에서 기독교의 자유개념과 상통하는 점이 있다고 여겨진다. 예수님은 요한복음 8장에서 "너희는 진리를 알지니 진리가 너희를 자유케 하리라"라고 당시 예수님을 따르는 유대인들에게 말한 적이 있다. 이에 대하여 유대인들은 강하게 반발하여 "우리가 아무것에도 속박되어 있지 않고, 이미 자유인인데 왜 자유인이 되라고 하느냐"고 말하였다. 이 논쟁으로 인하여 예수님은 유대인들의 위협에 못 이겨 급히 피하여 달아나야 했다. 이 유명한 이야기에서 우리는 예수님이 유대인들의 선민의식, 즉 아브라함의 자손이라는 특권의식과 율법에 사로잡혀 사랑의 복음을 이해하려고 하지 않는 것을 질책한 것이라고 이해한다. 그래서 참 자유를 얻기 위해서는 "길이요 진리요 생명인" 예수님을 믿어야 한다고 이해하였다. 기독교의 자유의 개념을 불교의 해탈에 의한 절대자유의 개념과 관련시켜보면 불교에서 말하는 속박과 자유의 의미가 훨씬 깊이 있고, 넓다고 생각된다. 같은 언어를 사용하고 있지만 전혀 다른 종교문화적 배경이 숨겨져 있음을 발견하며, 불교와 기독교의 사이에 보다 정밀한 분석과 이해가 필요하다고 보여 진다.

또한 불교와 기독교의 구원론을 이해하는데 하나의 예가 되는 이야기가 있어서 소개하고자 한다. 법구경에 나오는 "겨자씨 이야기"에서 고타미라는 한 여성은 죽은 아들을 부처님에게로 데리고 와서 도움을 청했다. 부처님은 죽은 소년을 살려줄 어떤 조치도 취하지 않고 다만 이렇게 말했다.

"고타미여, 약을 구하러 여기 잘 왔도다. 도시로 들어가 샅샅이 돌아보렴. 돌기 시작한 그 첫 집에 다시 돌아올 때까지, 집안에 죽은 자가 아무도 없었던 집을 찾아내어, 그 집에서 작은 겨자씨를 가져 오너라"

부처님은 따르던 고타미는 시키는 대로 도시에 있는 집들을 모두 찾아갔지만, 죽은 자가 없었던 집이라고는 한 집도 발견할 수 없었다. 그래서 그녀는 죽음이란 그녀의 집에만 찾아오는 것이 아니라 모든 자를 지배한다는 것을 깨닫게 되었다. 이렇게 하여 고타미의 슬픔은 풀어졌고, 그녀는 아들을 장지에 묻었다. 그녀가 부처님의 제자가 되려고 했을 때, 부처님은 그녀를 받아들였다. 이 이야기에서 부처님은 죽은 아이에게 도로 생명을 주거나 그 여인의 무거운 마음을 해결해 주기 위하여 기적을 행사하지 않았다. 그는 그녀로 하여금 자신의 이성과 인생무상에 대한 심리적인 경험을 통하여 죽음의 문제를 풀도록 했고, 그리하여 죽음에 대한 근심에서 자유롭게 함으로써, 그녀를 그의 제자가 되도록 개종시켰던 것이다.

예수님은 마가복음 5장에서 회당장의 딸이 죽었다는 소식을 들었을 때, "두려워 말고 믿기만 하라"고 말하고, 그의 집에 가서 "너희가 어찌하여 훤화하며 우느냐 이 아이가 죽은 것이 아니라 잔다."고 말하였다. 아이의 죽은 사실을 알고 있던 주위사람들을 비웃었지만, 예수님은 "그 아이의 손을 잡고 소녀야 일어나라"고 하였고, 곧 소녀의 생명이 돌아왔고, 이내 일어나서 걸었다.

기독교의 경전은 예수님을 이렇게 구속자로서 신성한 분으로 묘사하고 있다. 예수님은 하나님의 아들이었고, 절대적인 신성한 권위를 지녔고, 기적을 통하여 죽은 아이를 살리신 분이였다. 죽음조차도 이기는 분으로 신적인 능력을 가지고 있었다. 기독교는 그리스도 예수의 권위에 신앙의 뿌리를 주고 있다. 십자가와 그리스도의 부활에 대한 신앙없이는 구원도 없다는 것이 초대 기독교인들의 믿음이었다.

이와 대조적으로 불교에서는 부처님 자신에 대한 신앙은 주된 것이 아니었고, 그의 교리의 이해와 명상과 도덕적인 계율의 실천이 강조되었다. 도덕적 완성은 해탈을 위해 가장 중요한 것이었고, 이것을 부처님이 예증해 주었다. 기독교의 그리스도는 신-인(神-人)으로 칭송되었고, 불교의 부처님은 법-인(法-人)으로 표현되었다. 부처님의 구원론적인 목표는 열반이고 '궁극적인 평화'라고 할 수 있고, 기독교의 구원론적 목표는 '영원한 생명'이기 때문에 기독교의 교훈은 역사적이고 불교의 가르침은 우주적이라고 할 수 있다.

불교의 구원론은 그 개념에 있어서나 방법에 있어서 다양한 스펙트럼을 가지고 있는 게 아닌가 하는 생각을 한다. 한국불교의 한 특징이라고 할 수 있는 아미타불 신앙과 미륵불신앙에 대하여 말하고 싶다. 이런 민중불교의 구원론적 신앙에서는 수행과 계율의 부분이 약화되고 타력적 신앙에 의존하기 때문에 기복신앙적 요소가 부각되는 게 아닌가 하는 생각이 든다. 기독교의 기복적 신앙의 문제와 더불어 한국인의 종교신앙적 기반이 되어 있는 기복적 요소를 불교에서 어떻게 이해하고 있는지 궁금하고, 아미타불신앙에서 드러나는 왕생사상이 가지는 유토피아적인 요소를 어떻게 이해하고 있는지 궁금하다.

오랜 역사를 통하여 한국의 종교로 자리매김하고 있는 불교에 대하여 기독교 신학자가 이야기한다는 것은 어불성설임에 틀림없을 것이다. 더구나 종교를 깊이 이해하기 위해서는 그 이론적인 주장만이 아니라 실천적인 차원인 수행과 예전 그리고 공동체적 삶의 방식에 대한 치밀한 분석이 더욱 요청된다고 할 것이다. 귀한 논문을 발표해 주신 발제자에게 감사드리며 공부할 기회가 제공해 주신 불자교수연합회에 감사한다.

제3부

# 기독교의 사회 구원

## 구원과 해탈, 비움과 나눔에서 만나다 : 이명권(코리아 아쉬람)



## 〈논찬〉 구원과 해탈의 만남 - 이명권, 「구원과 해탈, 비움과 나눔에서 만나다」에 대한 논찬 - : 윤원철 (서울대)

# 구원과 해탈, 비움과 나눔에서 만나다.

이명권(코리아 아쉬람)

## Ⅰ. 서언

세계의 종교와 신학은 다원화된 사회를 맞아 이제 전통과 변혁이라는 시대적 전환기를 맞이하고 있다. 이런 때에 신학은 '대화의 신학'으로, 각 종교는 '대화의 종교'로 나서야 하고 또 그럴 수밖에 없다.

일찍이 한국에서 종교간의 대화에 남다른 열정과 관심을 가지고 그리스도교와 불교간의 대화에 불을 지폈던 예언자적인 선구자 고 변선환 박사는 구스타프 멘슁의 저서 『불타와 그리스도교』라는 책을 번역한 서문에서 종교간의 대화 특히 불교와 기독교 간의 대화에서 꼭 거쳐야 할 세 가지 단계를 다음과 같이 열거한바 있다.

첫째, 실천적 공동과제 앞에서의 대화, 둘째, 비교 종교학적 연구를 통한 대화, 셋째, 궁극적 실재(神性, 空)에 대한 근원적 종교 체험에서의 대화.[72] 변선환이 대화의 단계를 세 가지로 말했지만 다른 접근 방식도 있을 수 있을 것이다.

그러나 대체로 이 세 가지 범주에서 대화는 가능하다고 본다. 대화의 필요성을 말하자면 상대적으로 좁아진 지구 공간에서 새롭게 얻

---

72) 구스타프 멘슁, 『불타(佛陀)와 그리스도교』, 변선환 역, (1987), 종로서적, ii 쪽.

어지는 문화적 이해 때문이라고 볼 수 있다. 편견과 독단에 가까운 배타적인 절대적 주의주장에 대해 이미 포스트 모던적 해체주의는 말할 것도 없고 철학적 인식론에서는 다원성과 모호성을 주장하고 나온 지 오래다. 데이비드 트레이시 같은 학자는 이미 이점을 잘 말해주고 있다.[73] 다원성이냐 절대성이냐 하는 주장으로 서로가 다투지 말고 오히려 서로의 입장을 존중하며 배워가는 성숙한 대화의 정신이 어느 때 보다 소중한 시점이다.

그리스도교의 구원과 불교의 해탈은 양대 종교가 주장하는 근원적이고 종국적인 도달점이다. 이들 종교가 주장하는 구원과 해탈은 여러 가지 서로 다른 전제와 가정 때문에 구원이나 해탈에 이르는 방식이 다를 수밖에 없다. 이에 대해 전통적으로 기독교는 다른 종교에 대해 배타적인 우월성이나 '유일성' 혹은 '최고의 정점'의 자리를 차지한다고 자부해 왔다.

반면에 다른 종교의 입장에서는 이를 긍정하지 못할 뿐 아니라 무시해버리기도 한다. 서로가 다른 견해로 반목하고 질시하는 와중에도 일부 신학자들 가운데는 다원주의적 입장을 표방하며 그리스도교 외의 다른 종교에 대해 열린 자세로 임하는 이들이 있다. 레이문도 파니카나 스탠리 사마르타, 폴 니터, 존힉, 구스타프 멘슁 같은 이가 그들이다.[74] 특히 이들의 주장은 각자의 종교적 교리 보다는 문자적 의미를 넘어선 신비적인 혹은 초월적인 근원적 종교체험이라는 관점에서 서로가 만날 수 있다는 주장을 펴고 있다.

신비적 종교체험은 루돌프 오토[75]가 이미 언급하고 있듯이, '두렵

---

73) David Tracy, Ambiguity and Plurality, 『다원성과 모호성』 윤철호, 박충일 공역, (2007), 크리스천헤럴드. 데이비드 트레이시는 이 책에서, 실재에 이르는 모든 길이 다양한 언어의 다원성과 모든 역사의 모호성을 통과해야 한다고 주장한다.

74) 이들은 종교 다원주의적 전통에서 신학을 전개하는 전위적인 종교 신학자들로서, 최근에는 아즈베리 신학대학 교수인 테리 묵크(T. Muck)가 제기한 폴 니터와 존 힉 이후의 종교신학에 대한 논의가 뜨겁다. 'Theology of Religions after Knitter and Hick : Beyond the Paradigm' (Interpretation, 2007), pp.7-32 참조.

고 떨리는 신비(mysterium tremendum)'라는 누미노제(Numinöse)[76]와의 원체험(原體驗)에서 만날 수도 있다. 그러나 여전히 이 원체험은 모든 종교에 공통적으로 일치하는 것이라고 일방적으로 말 할 수는 없다. 왜냐하면 불교의 공(空)체험은 사람에 따라 누미노제적 체험일 수도 있고 또 그렇지 않을 수도 있기 때문이다.

다만 궁극적 실재와의 대면이라는 점에서 신성이나 공 또는 구원과 해탈은 종교간에 유사성을 지니지만 동시에 체험자의 입장에 따라 다르게 경험되는 것이다. 그럼에도 불구하고 구원이나 해탈의 문제는 단순히 그 언어적 혹은 종교적 차이점으로 인해 서로 간에 배타적으로 더욱 차별화되거나 무시되어서도 안 될 것이다. 양자가 표방하는 상이성에도 불구하고 종교적 체험의 깊이에서 만나는 구원이나 해탈의 체험은 서로에게 새로운 의미와 지평을 넓혀주는 계기가 될 수 있다는 점에서 비교 종교학적 분석은 의의가 크다고 볼 수 있다. 그 새로운 의미와 지평이 무엇일까?

필자는 비움(虛)과 나눔(施) 그리고 사귐(際)의 체험이라고 말하고 싶다. 비움과 나눔 그리고 사귐의 체험은 개인 구원의 실존적 차원뿐만 아니라, 공동체적 구원이라는 집단적 구원체험의 실존성도 내포하고 있다. 따라서 필자는 그리스도교의 구원과 불교적 해탈의 사회학적 지평아래 상호간의 만남의 가능성을 다음과 같이 고찰해 보고자 한다.

---

75) Rudolf Otto, Das Heilige, (1963), 『성스러움의 의미』, 길희성 옮김, (1987), 분도출판사, 37-96쪽 참조.

76) 누미노제, 즉 '누멘적'이라는 말은 라틴어의 '누멘(numen)'이라는 말에서 오토가 만들어 낸 신조어로서 종교를 철학이나 심리학 등에서 분리하여 독자적인 종교의 고유성 곧 '자류적(自類的, sui generis)'인 근거를 확립하기 위해 사용한 개념이다. 그것을 오토는 '두렵고 떨리는 신비로운' 체험 곧, 성스러움의 경험이라고 주장한다. 같은 책, 39쪽.

## Ⅱ. 그리스도교의 구원

### 1. 그리스도교 구원의 사회학적 해석의 가능성

동서고금을 막론하고 혁명과 위기, 몰락과 새로운 창조라는 역사의 전환점마다 변함없이 그 밑바닥에 깔려있는 지배층과 피지배층 사이의 구조적 긴장을 생각한다면 성서 해석 또한 사회학적 물음을 외면할 수 없게 된다. 더구나 게르트 타이센의 말처럼 신약 성서학이 고고학으로부터 분리되지 않는 한 사회학적 물음은 상존하게 마련이고 또 자료가 허락되는 한 그 물음에 답해야 한다.[77] 물론 성서적 주장을 사회학적으로만 해석 할 수 없는 것은 사실이다. 그러나 동시에 사회적 배경을 무시한 일체의 성서해석은 한편으로 치우치거나 왜곡될 가능성이 농후하다. 우리가 사회학적이라고 할 때는 피터 버거가 말하고 있는 것처럼 언제나 인간적인 윤리적 함의(含意)를 내포한 '인간 조건 자체'에 관심을 기울이는 것[78]인만큼, 인간이 사회성을 떠날 수 없다는 이유 하나만으로도 성서 해석의 사회학적 물음은 지극히 타당한 물음 가운데 하나다. 그렇다면 복음서의 편집에 관한 문제 또한 사회학적 전망의 해석에서 벗어날 수 없을 것이다.

그리스도교 구원에 대한 연구도 공관복음서에 대한 사회학적 해석의 범주를 완전히 벗어날 수는 없다. 예수의 구원 활동이 팔레스타인 사회의 근본구조와 관련이 있고, 또한 그의 구원 활동을 기록한 복음서 역시 사회적 집단(集團)들의 모습을 떠나 있는 것이 아니기 때문이다. 더욱이 '삶의 자리'[79]를 중시한 양식사(樣式史)학적 연구는 공

---

77) Gerd Theisen,『원시 그리스도교에 대한 사회학적 연구』, 김명수 역, (1986), 대한기독교서회, 12쪽.
78) Peter L. Berger, 『사회학에의 초대』, 이상률 옮김, (2001), 문예출판사, 221쪽.
79) 이 분야의 대표적 저술은 M. Dibelius, *Die Formgeschichte des Evangeliums*, Tubingen, 1919, 1933. 가 있다.

관복음서의 성서 본문이 당시의 '역사적, 사회적 성격'에 따라 문학적 양식으로 표현되었음을 밝혀주고 있다. 물론 불트만과 같은 실존주의적 신학자들은 성서 본문의 사회적 차원(비 본래적 성질)보다는 십자가와 부활의 케리그마(신앙 고백적 선언)와 같은 '본래적인' 의미의 실존적 물음을 던지고 있기도 하다. 그 뿐 아니라 성서의 의미를 비유나 혹은 사실적으로 아니면 영적으로 해석하는 등의 다양한 해석 방법도 있다. 그런 점에서 성서의 해석은 얼마든지 입장에 따라서 다양하게 전개 될 수도 있다. 그럼에도 불구하고 복음서에 기록된 성서적 증언은 복음서마다 저들이 처한 공동체의 집단적 신앙 고백의 양식으로 해석 되어져야 한다는 점에서 여전히 복음의 사회학적 측면을 내포하고 있는 셈이다.

복음의 사회학적 측면은 무엇보다 인간 해방의 사회적 측면을 말하는 것이다. 원시 그리스도교를 사회학적 이론의 영역에서 해석하려고 했던 처음 시도는 마르크스주의자들이었다.[80] 이러한 마르크스주의적 사회학의 영향이 타이센과 같은 학자에게도 방법론적인 영향을 미쳐서 복음서의 사회학적 이해를 가능하게 한 부분도 있다. 타이센의 사회학적 분석에 따르면, 최초의 예수 운동의 핵심은 중간 계층으로부터 생겨났다.[81] 수공업자나 어부, 세리, 농부들이 그들이다. 그들은 결코 극빈자들은 아니었다. 반면에 최하층 계급의 사람들인 소작인이나 삯꾼들, 종이나 노예들은 직접적으로 제자단에 초대되지 않았다. 다만 소경 바디매오를 제외한 나머지는 아무도 제자단에 허입이 되지 않고 있다.

한편 기능주의 사회학적 입장에서 볼 때, 종교는 사회에 어떻게 작용하고 있는가 하는 질문을 던질 수 있다. 이에 대해 원시 그리스도

80) G. Theisen, op. cit., p.38. cf. K. kautsky, *Der Ursprung des Christentums*, (1921), Stuttgart.
81) 같은 책, 41쪽.

교적 상황에서 예수의 구원 활동이 사회학적 측면에서 어떤 기능과 역할을 했는가 하는 분석도 가능하게 한다. 예수는 로마의 정치적 지배 하에 있었던 유대교 사회에서 로마와의 정치적 갈등을 축소시키려는 경향을 보이고 있다. 이를테면, 마가복음 12장 17절에서 "가이사의 것은 가이사에게 하나님의 것은 하나님께 바치라"고 말함으로써 정치적 갈등을 해소시키려 하고 있다. 기능주의 사회학적 입장에서 볼 때 또 하나의 종교적 기능은 개인을 사회 집단에 통합시키는 '통합가설(integrations these)'로서, 피터 버거가 말하는 바와 같이 아노미(anomie) 상태에서의 새로운 질서 확립에 종교가 도움을 줄 수 있다는 점이다.[82] 당시 요한의 세계 인식에 따르면 "온 세상은 악한 자 안에 처하여(요일5:19)", 세상은 악에 빠져있다고 진단하고 있다. 이러한 아노미적 상황에서 사람들은 새로운 세계를 기다렸고 예수는 여기에 부응하여 '새 술을 새 부대에 담듯', 하나님의 나라라는 새로운 질서의 세계를 제시하여 새로운 형태의 사회적 통합을 이루고 있다고 볼 수 있다.

실제로 예수 운동과 하나님의 나라의 선포는 사회적 통합 곧 사회적 구원을 선포한 것이기도 하다. 이를테면 당시의 사회적 조건에서 사회집단에 통합을 이룰 수 없었던 소외되고 부정적으로 평가받던 집단들에게 복음이 우선적으로 선포되었다. 타이센이 지적하고 있듯이, 하나님의 나라에 초대된 자들은 불구자들(마가9:43이하), 고자들(마태19:11이하), 어린 아이들(마가10:13이하)로서, 신체적 조건에서 사회적 통합에 결함이 있는 자들이었고, 가나한 자들(마태5:3)이나 외국인들(마태8:11이하)과 같이 사회적 지위나 가치를 얻지 못한 자들, 그리고 세리와 창녀들(마태21:32)로서 도덕적으로 비난을 받던 자들[83]에게 일차적으로 복음이 선포됨으로써 하나님의 나라의 새로운

---

82) 같은 책, 46쪽. cf. P. L. Berger, *Zur Dialektik von Religion und Gesellschaft,* (1973), Frankfurt,

질서에 편입되는 사회적 통합을 경험하게 된다는 점이다. 그러면 이제 예수 운동에 나타난 구체적인 사회 구원의 행위들을 살펴보자.

### 2. 예수의 사회적 구원 행위들 - 사회 통합

예수의 사회 구원을 알리는 성서의 본문은 여러 곳에 등장한다. 그 사회 구원의 행위는 곧 소외된 계층을 사회 속으로 편입시키는 사회 통합의 길이기도 했다. 이를테면 유대인과 이방인의 차별을 철폐하고, 부자와 가난한자 사이의 장벽을 헐며, 건강한 자와 병든 자, 지식인과 무지한 사람들 사이의 근원적인 차별을 허물고 하나님 나라 안에서는 대동사회(大同社會)가 될 수 있음을 선언한 것이다. 실제로 예수 당시에는 민족간의 차별 뿐 아니라 남녀간의 차별이 특히 심했다. 이러한 상황에서 사도 바울이 언급하고 있듯이, "유대인이나 헬라인이나 종이나 자주자(自主者)나 남자나 여자 없이 다 그리스도 예수 안에서 하나다(갈라3:28)." 예수 안에서 차별이 중지 된 것이다. 이러한 사회적 차별과 통합을 위해서 강한 자들은 약한 자들의 수준으로 오히려 내려와야 했다(고전8-10장). 특히 바울의 고백을 따르면 "내가 모든 사람에게 자유하였으나 스스로 모든 사람에게 종이 된 것은 더 많은 사람을 얻고자 함이라(고전9:19)"고 했다. 부자들은 성만찬을 베풀 때 가난한 자들을 고려해야 했다(고전11:20이하). 그리스도 안에서 남자나 여자가 차별이 없다고 했지만 여전히 사회적으로는 차별이 심했다. 여자는 남자에게 종속된 채로 있었고 노예는 노예 그대로 머물러 있었다. 그러나 이들은 '그리스도 안에서' 차별 없는 자유를 누리게 된다. 그런 점에서 예수 운동은 하나의 현실적 구조를 넘어서지 못하는 상징적 구조 혹은 신앙적인 선언적 구조에 머물고

---

83) 같은 책, 46-7쪽.

만 것이기도 하다.

그럼에도 불구하고 예수의 해방 곧 사회 구원 운동은 단순히 선언적 차원에만 머문 것은 아니었다. 예수는 원시 공동체를 통해 기존 사회의 차별적 구조를 넘어서는 하나님 나라의 평등 공동체로 한 걸음 진일보 했다는 점이다. 유무상통하는 이상 공동체를 실현 시켰고, 그것이 시대와 역사 그리고 문화를 뛰어넘어 분열되고 차별화된 불평등한 사회 속에 새로운 사회적 통합의 모델을 제시해 주었다는 점에서 예수의 사회적 구원을 다시 평가하게 된다. 예수의 위대성은 한갓 공상적인 유토피아[84]의 꿈만을 설파한 것이 아니라, 가난하고 눌리고 억압받고 포로 된 자와 눈먼 자들을 자유하게하고 해방시키는 일(누가4:18)을 직접 실천하다가 그 사랑으로 죽음까지도 불사했다는 점이다. 특히 누가복음의 자유와 해방을 위한 예수의 선언은 구약의 예언자 이사야의 글(61:1-3)을 인용하여 선포하는 것으로 자신의 메시아적 소명을 가장 잘 밝혀주고 있는 본문이다. 예수의 구원행위는 구약 예언자들의 메시지가 뒷받침 되고 있다. 예언자 아모스에 따르면, 무죄한 자를 은(銀)을 받고 파는 행위, 신발 한 켤레로 가난한 자를 파는 일, (벼룩의 간을 빼어먹듯이) 가난한 자의 머리위에 있는 티끌을 탐하는 자, 겸손한 자를 왜곡시키는 행위에 대해 하나님이 벌을 줄 것임을 천명하고 있다(아모스2:6,7). 특히 가난한 자와 무죄한 자들에 대한 착취와 억압에 대한 구약 성서의 예언자적 비판은 아모스[85] 외에도 호세아와 미가 등이 있다.[86]

---

84) 예수와 하나님의 나라에 대한 유토피아적 해석을 시도한 좋은 예로는 다음의 두 논문을 참조하라. 차정식, "하나님 나라와 예수 신학의 유토피아적 지평", 『21세기 사회와 종교 그리고 유토피아』, (2002), 생각의 나무, 54-85쪽. 김덕기, "예수의 하나님 나라 가르침에서의 유토피아적 특성", 앞의 책, 86-125쪽. 이들은 예수의 하나님 나라 운동을 단순한 공상적 유토피아로 보지 않고, 일상의 현실에서 발견되는 현실에 기초한 신성한 유토피아적 전망을 보여주고 있다. 이를테면 피차 빚진 자로서 채무의 부담을 기꺼이 탕감해 주는 자비의 마음으로 일상적 질서가 뒤집어지고 새로운 삶의 신명을 창출하는 체제 등을 그리고 있다.

85) 아모스가 사회정의와 공의를 촉구하는 하나님의 대변(代辯)적 메시지는 아모스3:2, 5:10-12, 8:5-6, 6:12-13)등이 있다.

한편, 소외된 자들을 향하여 사회적 통합을 외친 예수가 제자들에게 "아내와 자식을 포함한 모든 친척들을 미워하라"고 한 명령(누가14:26이하)은 어떻게 해석해야 하는가? 이것은 사회적 통합이 아니라 분리 명령이 아닌가? 이점은 타이센의 지적과 같이 전혀 다른 사회적 근거와 맥락을 지니고 있다. 이를테면, 이 명령은 방랑하는 카리스마를 지닌 지도자들의 규범을 제시하는 것으로, 고향도 없고, 가족도 없고 재산도 없는 사도들, 예언자들과 전도자들에 대한 규범이다.[87] 방랑하는 카리스마적 지도자들을 둘러싼 원시 예수 공동체는 사실 지나칠 정도로 금욕적인 태도를 보이는 경향도 있었다. "하나님 나라에 들어가기 위해서는 경우에 따라서는 자살하거나 손이나 발, 눈을 제거하는 것이 낫다(마가9:42이하)"는 표현이 그것이다.[88] 그러나 이것은 오히려 혼란의 시대에 이상적 공동체가 보여주어야 할 엄격하고 철저한 윤리적 지침으로서의 기능도 하고 있는 셈이다.

소외받는 자를 향한 예수의 사회적 통합의지는 그의 비유 설화에서도 잘 드러난다. 포도원 품꾼의 비유를 보면, 나중에 온자가 먼저 온자와 같이 한 데나리온의 품삯을 받게 된 경우에 불만족을 터트리는 일군들에 대해 취하는 포도원 주인의 비유(마태20:1이하)가 그것이다. 사회적 약자들에 대해 주인이 후한 친절을 베푸는 것은 어디까지나 주인의 뜻이다. 약자에 대한 경제적 배려, 이것을 예수는 비유를 통해 가르치고 있다. 예수의 사회통합 의지가 정치적으로 표출 된 경우가 있는데, 그것을 우리는 마가복음의 이적 설화에서도 찾아 볼 수 있다. 예컨대 "군대 귀신"의 축출 사건의 경우에서 볼 때, 예수가 군

---

86) 호세아는 이 땅에 진실도 자비도 하나님을 아는 지식도 없고, 저주와 거짓과 살인과 도둑과 간음뿐이라고 비판한다(4:1-2), 미가는 악을 꾀하고 밭이나 집을 탐하여 빼는 자들을 경고하고(2:1-2), 공의(公義), 인자(仁慈), 겸손을 구할 것(6:8), 부정한 저울을 사용하지 말 것(6:11)등을 말하면서 사회적 부정의를 저지르는 자들에 대한 하나님의 심판과 경고를 알리고 있다.

87) G. Theisen, op., cit., 59쪽.

88) 같은 책, 60쪽.

대 귀신을 쫓아낸 것은 이스라엘을 정복하고 괴롭히던 로마의 군대를 상징하는 것으로 볼 수 있다(마가5:9-10).[89] 로마의 정치적 권력이 군대로 표상되고 있고 이 억압구조가 이스라엘 민중을 소외시키고 있었으며, 이러한 사회적 분열과 소외 현상을 극복하기 위해 예수는 '군대 귀신'을 몰아내어 돼지 떼 속으로 들어가 바다에 몰사하게 하는 이적 행위를 베푼다. 이는 세속 권력의 부정의함에 저항하고 자유와 해방, 그리고 평화적 통치를 갈구하는 하나님 나라의 통치 방식을 예고하는 행위로 볼 수 있다. 하나님의 나라의 통치 방식은 단순히 사도 바울이 말 한대로 단순히 "먹고 마시고 노는 행위가 아니라, 성령 안에서 얻어지는 정의와 평화와 기쁨이 실현 되는 곳"(로마서 14:17)이다. 이는 물론 사회적 정의와 평화를 포함하는 개념이라고 보아야 할 것이다.

하나님 나라의 사회적 차원은 이 땅에 정의와 자비가 실현되는 것을 의미하는 것이기도 하다. 그것이 곧 구원의 사회적 차원이다. 예수의 사회적 구원 행위를 잘 지적해 주고 있는 대목은 예수가 구약성서와 예언자들의 메시지를 반복적으로 인용하고 있는 점에서도 드러난다. 구약 성서의 초기 사회적 배경을 살펴보면 윤리와 종교는 일치되고 있다. 예컨대, 레위기 19장에 따르면, 가난한 사람과 타국인을 위한 배려, 도적질이나 거짓말 금지, 이웃을 압제하거나 늑탈하지 말 것, 품꾼의 삯을 제때에 지불 할 것, 장애인들을 배려하며 돌볼 것, 공의로 재판 할 것, 이웃을 비방하거나 위험에 처하게 하지 말 것, 원수를 갚지 말고 동포를 원망하지 말며 이웃 사랑하기를 네 몸과 같이 하라는 내용의 규례(規例)가 있다. 이러한 구약 성서의 핵심적인 법률적 규정을 예수는 율법사의 질문에 대하여 새로운 계명을 제시하면

89) '군대귀신 축출 사건'에 대해서는 필자의 석사학위 논문인 "마가 이적 설화의 정치적 해석" 감리교 신학대학원(1994년)을 참조하라.

서 "하나님을 사랑하고 네 이웃을 네 몸과 같이 사랑하라"는 말로 압축하여 설명한다. 하나님 사랑과 이웃사랑 즉, 경천애인(敬天愛人)이야말로 하나님나라의 대동사회로 가는 지름길이요 핵심계명이다.

### 3. 예수 운동과 해방 행위 - 하나님의 나라 운동

예수 운동은 해방행위와 직결된다. 이 해방 운동은 하나님 나라의 선취(先取)를 보여주는 사회적 구원운동이다. 물론 예수는 사도 바울에 의해서 '우주적 그리스도'로 표방되면서 "그리스도는 보이지 아니하는 하나님의 형상이요 모든 피조물보다 먼저 나신 자(골로새서 1:15)"로서 우주적 보편적 구원자로 해석된다. 더 나아가서 "하나님의 아들(그리스도) 안에서 우리가 구속(救贖) 곧 죄 사함을 얻는다(골로새서1:14)." 이러한 구원(救援)론적 진술은 그리스도교의 전통적 해석으로 자리 잡고 있다. 구속 혹은 구원을 뜻하는 영어의 어톤먼트(atonement)는 중세 영어의 at와 one의 결합인 어톤(atone)과 먼트(ment)가 결합된 용어다. 이 때 at 와 one의 결합은 '단번에' 이루어진 구속이라는 시간적 의미도 내포하겠지만, 장소적 의미로 미루어 '하나 됨'을 이룬 사건으로 보아도 무방할 것이다. 시간적 사건으로만 해석한다면, '한번에' 죽으심으로 모든 인류를 구원한다(once for all)는 의미도 있겠지만, 공간적 의미로 확대 해석해 볼 때, 구원의 의미는 대동사회의 통합이라는 수평적 의미도 추론해 볼 수 있을 것이다.

예수의 구원 행위는 하나님과 세상의 화해에 있다(고후5:19). 이 세상과의 화해는 한스 크라우스의 지적처럼 심오한 영적 의미나 초월적인 피안의 의미로만 이해되어서는 안 된다.[90] 오히려 예수는 역사 속

---

90) Hans-Joachim Kraus, *Reich Gottes: Reich der Freiheit Grundris Systematischer Theologie*, Neukirchener, (1975). 『조직신학』, 박재순 옮김, 한국신학 연구소, 310쪽.

에서 하나님의 내어줌과 낮춤을 실현하면서 구원자와 해방자로서 등장한다(이사야61:1-2, 누가4:18). 이는 예수 속에서 하나님이 그에게서 이탈되고 소외된 인간과의 사귐을 찾고 바라는[91]데서 출발한다는 신학적 함의를 보여주는 것이다. 성서 전체의 내용도 소외된 인간을 찾아 나서는 하나님의 행위에 주목된다. 이 하나님의 행위를 대변하고 나선이가 예수였다. 그러므로 하나님과 세상과의 화해는 소외된 자들을 해방시키는 예수의 사역에서 그 절정을 보게 된다. 이때의 '소외'는 억압하는 자와 억압 받는 자 모두가 하나님의 편에서 볼 때는 양자 모두에게 해당된다. 사회 속에서 억압하는 자는 '회개'를 통해 억압을 풀어야 하고, 억압당하는 자는 온갖 억압에서 해방되어야 한다. 이것이 하나님이 바라는 '하나 됨(atonement)' 곧 대동 사회의 실현일 것이다. 그러나 이 비밀을 부자와 억압하는 자는 좀처럼 이해하기 힘든 비밀에 속한다. 영리하다고 하는 자들에게는 오히려 숨기어 있고 어린이들과 소외된 자들에게 구원의 비밀이 알려진다. "소경이 보며, 앉은뱅이가 걸으며 문둥이가 깨끗함을 받으며 귀머거리가 들으며 죽은 자가 다시 살아나며 가난한 자에게 복음이 전파된다 하라(마태11:5)."

예수의 해방 운동은 단순히 이루어진 사건이 아니다. 그는 '하나님의 영'을 충분히 받은 자였다. 이는 요한의 말을 통해 입증되고 있다. "하나님의 보내신 이는 하나님의 말씀을 하나니 이는 하나님이 성령을 한량없이 주심이니라(요한3:34)." 요한의 증언에 따르면 예수는 '하나님 의 영'을 한량없이 받은 자였다. 이 하나님의 영은 해방의 영이다. 오늘날의 표현을 빌리면 예수는 한없는 영성(靈性)의 소유자였다. 그 무한한 영성의 힘으로 온갖 소외의 벽을 뚫고 하나님 나라의 질서를 회복하는 대동사회의 길을 개척해 나갔다. 예수가 요한에게 세례를 받을 때는 하늘에서 비둘기 같은 성령이 임한 것으로 그의 구

---

91) 같은 책. 210쪽.

원 사명을 위한 메시아 선포식이 선언 되었다. 이 때 예수가 '영(靈)을 부여 받은 사건'에 대한 칼빈의 해석은 의미가 있다. 예컨대, '그리스도의 복음 선포가 영적으로 능력 있게 이루어지도록 하기 위해 자신만을 위해서가 아니라 몸(Sōma, 유기적 공동체) 전체(교회)를 위해서 영 부음을 받았다(기독교강요Inst II.15.2)'고 주장한 대목이다.[92] 물론 여기서 '몸'은 그리스도의 교회라는 의미를 지니는 것이지만, 공동체적 성격을 띠고 있다는 점에서 단순히 '개인'을 위한 것으로만 해석 되지 않는다는 점이다. 이것은 예수가 '영 부음 받음'을 통해 새롭게 동터오는 자유의 나라, 곧 사랑과 평화의 공동체이자 비움과 나눔 그리고 사귐의 공동체 건설에 앞장 설 수 있었다는 점이다. 이와 같이 예수의 해방 운동 곧 하나님 나라의 운동은 예수의 '영 부음 받음' 사건을 필두로 진행 되고 있는 점으로 보아, 개인의 해방이나 사회의 해방은 모두 '영적 각성'을 수반한다고도 볼 수 있다. '영 부음'과 영적 각성은 모두 현대적인 용어의 '영성'이라는 말 속에 내포 된다고 해도 틀린 말은 아닐 것이다. 이렇게 볼 때 영성은 개인과 사회를 해방시키는 총체적 구원의 실마리가 된다. 성서적 표현에 따르면 하나님의 영으로서의 해방의 영은 '진리의 영'이기도 하며, 동시에 '자유의 영'이기도 하다.

### 4. 인간 해방과 사회 구원의 징표들 : 율법을 넘어서 이루어지는 사랑의 공동체

예수는 구약의 율법을 대표하는 모세의 가르침에 정면으로 도전했다. 그 도전의 방식은 사랑이었다. 모세와 옛사람들에게 전한 율법을 예수는 새롭게 정의하고 나선다. "나는 너희에게 이르노니……(마태 5:22, 28, 32, 34, 44)"라고 하는 대구(對句) 형식으로 기존의 율법보다

92) 같은 책, 313쪽.

더욱 철저하면서도 사랑에 근거한 '사랑의 율법'을 제시한다. 그런 점에서 예수는 율법을 폐하러 온 것이 아니라, 완전케 하려고 왔다(마태5:17)고 했다. 그 사랑의 율법이 무엇인가? 결국은 인간 해방으로 귀착되는 것이며, 공동체적 구원으로 종결된다. 요한의 증언처럼 "아들(예수)이 너희를 자유하게 하면 너희가 참으로 자유 할 것(요한 8:36)"이기 때문이다. 여기서는 단순한 속죄의 차원을 넘어 하나님과 인간의 궁극적 전환(화해), 무너진 공동체의 회복, 소외의 궁극적 지양과 극복이 이루어진다. 이른바 위대한 "야훼의 날"이 예수의 초라한 말(과 행위) 속에 숨기어져서 선취된다.[93]

하나님과 인간의 새로운 사귐을 의미하는 구체적인 해방 행위는 경건한 자와 불경건한 자, 율법에 충실한 자와 율법을 범한 자 사이의 경계를 제거함으로써 전체적인 공동체적 구원으로 인도 된다는 점이다. 그리스도로서의 예수는 하나님을 대신하여 인간의 죄와 속박에서 해방하는 역할을 담당하면서 창조자와 피조물 사의의 공존과 화해의 다리를 놓는다. 기존의 부정적인 모든 삶의 질서를 부정하고 극복하면서 유토피아적인 그러나 현실적인 새로운 질서를 도모한다. 이것은 온갖 복수심에서 해방하는 새로운 시작(사죄)의 영이 전달됨[94]으로써 가능한 것이기도 하다. 구원이 인간의 내면의 자유를 말하는 것이기도 하지만, 공동체적 성격으로서의 구원은 역시 하나님의 나라라는 틀에서 이야기가 전개 될 수밖에 없다. 이 때 하나님의 나라는 각자의 깨달음 곧 '회개'를 통한 사죄와 하나님의 '부르심'에 대한 응답으로서 이루어진다. 슈니빈트의 지적처럼 '회개는 기쁨'[95]이지만, 동시에 이 회개에는 하나님의 부르심이 수반된다. 그 부르심은

93) 같은 책, 315쪽.

94) 같은 책, 316쪽.

95) J. Schniewind, *Evanjelische Metanoia: Zur Erneuerung des Christenstandes*, H.J. Kraus/O. Michel 편(1966) 9ff. cf. 앞의 책, 318쪽.

하나님 나라의 실현 즉, 정의와 평화와 사랑의 공동체를 실현하도록 요청받는 것이다. 하나님의 나라가 값없이 주어지는 은총의 측면도 있지만 인간이 깨닫고 회개하여 돌이킬 때 얻게 되는 기쁨에서 비로소 하나님의 나라는 새롭게 인식된다.

그러나 하나님의 나라를 이루는 길은 결코 쉽지 않다. '부르심'에 응답하는 일에는 위험과 고난과 죽음도 뒤따를 수 있기 때문이다. 그 길은 자기부정(自己否定)의 길이다. 분명 예수를 따르는 길에는 자유가 있었다. 그러나 그 길에는 동시에 십자가라는 죽음의 걸림돌이 있다. 이 걸림돌에서 베드로도 '예수를 부인함으로' 넘어졌다. 예수 안에 있는 하나님의 해방을 알면서도 자기부정의 길에 들어서지 못하면 넘어지고 만다. 하지만 예수를 통해 보여 진 하나님의 아가페적 사랑의 체험은 죽음과 죽임을 넘어서는 근원적인 해방 경험을 선사한다. 그러한 해방 경험은 채권자와 채무자 사이의 하늘나라(마태 18:23-35) 그리고 고용주와 피고용인 사이의 하나님 나라(마태20:1-16)[96]의 공동체적 해방을 말하는 것이기도 하다. 주지하다시피 예수가 찾아 나선 사람들은 주로 소경이나 벙어리, 중풍병자, 문둥병자, 귀신들린 자, 불구자, 상(喪)당한 자, 가난한자, 그리고 온갖 사회적 약자들이었다. 이러한 사회적 약자들에 대한 관심은 비단 개인적인 치병 기적으로 설명 될 수도 있지만, 사회적 약자들이 나님 나라에 들어가는 새로운 우주적 질서에로의 편입을 알리는 신호이기도 하다는 점이다. 신약 성서에 나타난 이러한 기적 이야기는 크라우스의 지적대로 해방자 하나님의 종말론적 행위로서 도래하는 하나님 나라와의 이중적 전제의 전망에서 파악되어야 한다.[97] 하나님 나라의 이중적

96) 차정식, "하나님 나라와 예수신학의 유토피아적 지평", 『21세기 사회와 종교 그리고 유토피아』, (2002) 생각의 나무, 59-85쪽을 참조하라.

97) Kraus, 앞의 책, 320쪽.

전망은 역사적이고 지상-우주적인 영역에서 개인적 고난의 자리를 동시에 해방시키는 포괄적 의미를 지닌다는 뜻이다. 이 모든 치유와 구원의 행위는 하나님의 사랑, 곧 예수에게서 드러난 아가페에 근거한다.

예수는 하나님의 뜻을 거룩한 사랑과 동일시한다. 요한의 진술에 따르면, 예수는 '하나님의 뜻'을 행하는 것으로 자신의 양식(糧食)을 삼았다(요한4:34). 이 하나님의 뜻은 예수에게서 거룩한 사랑, 곧 자비(慈悲)로 드러난 것이다. 예수의 삶과 생각 속에는 종교와 도덕적 봉사가 분리되지 않는다. 색포드의 말처럼, 비윤리적이고 사회적 정신을 결여한 것은 예수의 종교가 아니다.[98] 하나님의 나라가 땅에서도 이루어지기를 바라는 기도(마태6:10, 주의 기도)가 이를 대변해 준다. 특히 하나님의 나라는 '너희' 가운데 있다(누가17:21)고 한 예수의 말은 하나님의 뜻 곧 사랑을 실천하는 사회적 구원의 공동체성을 강조하는 것이기도 하다. 예수는 '아버지의 뜻'을 제자들에게 알린 후 그들을 '친구'라고 불렀다(요한15:15). 이것은 "친구를 위하여 자기 목숨을 버리면 이에서 더 큰 사랑이 없다(요한15:13)"고 한 자신의 말을 상기시키는 것이고, 예수 자신은 이를 십자가의 죽음으로 입증해 보였다.

예수의 구원 행위의 근거로서의 아가페는 단순한 감상(感傷)적 사랑이 아니다. 이 사랑은 언제나 죽음(죽임)과 대립되는 개념으로서, 죽음의 경계를 뛰어넘는 '부활'과 '생명'을 쟁취하는 자로서의 사랑이다. 부자유한 세계에서 자유로운 세계를 쟁취하는 예수의 사랑의 혁명은 그래서 당파적이다. 왜냐하면 자유로운 인간 예수의 사랑은 우선적으로, 위대하고 강하고 부유한 모든 사람들을 지나친다. 구원을 베풀고 자유로운 인간성을 알려주기 위해, 이 사랑은 낮은 자, 억눌린

98) John, W. Sackford, *Jesus and Social Redemption*, (Nashville, Department of Education and Promotion Woman's Section, Board of Missions, Methodist Episcopal Church), p.23.

자, 그리고 착취당한 자를 향한다.[99] 이러한 사랑의 행위 속에서 사회적 장벽인 기존의 계급과 신분 질서는 깨어져서 부유한 자들마저 예수의 하향운동에 편승하거나 거부하게 된다. 한편 예수의 해방하는 행위를 예수의 자유로운 활동 속에서 포착하여 해방하는 예수의 모습을 설명하는 이도 있다. 이를테면, "예수는 의심쩍은 사회에, 거짓말쟁이, 사기꾼, 그리고 창녀들 사이에, 바보들과 신경증 환자 사이에 왔다"는 것이다.[100] 예수는 분명 '악하고' 무질서한 계급적 차별사회에 와서 사랑으로 부자유한 세계의 사슬을 끊고 하나님 나라를 건설하려는 혁명적 사역을 수행했던 자유인이자 사회적 해방을 선취한자였음에 틀림없다. 그런 점에서 예수가 보여준 구원 활동은 개인적-종교적이면서도 하나님 나라의 모델을 통한 사회적 해방을 동시에 추구한 것임을 알 수 있다.

## Ⅲ. 구원(救援)과 해탈(解脫)의 조우(遭遇)

### 1. 그리스도교 구원 : 하강(下降)과 상승(上昇)의 구조

⑴ 그리스도교의 구원은 하강적 계시구조에서 출발한다.

하강적 계시 구조라 함은 그리스도교의 출발점이 '하나님의 낮춤' 곧 하나님의 자기비하(自己卑下)(빌립2:7)에서 시작되기 때문이다. 하나님의 자기비하를 그리스도교 신학에서는 '케노시스(kenosis)'라 부른다. 이 케노시스는 헬라어로서 '비움'의 뜻이다. 동양적 표현으로는 '허(虛)' 또는 '공(空)'에 가까운 개념이다. 하나님의 자기 비움을 통해

99) Kraus, 앞의 책, 329쪽.

100) 같은 책, cf. A. Holl, *Jesus in schlecheter Gesellschaft*(1971).

인간 구원의 서곡이 전개된다. 이를 알고 받아들일 수 있는 계기(契機, momentum)는 오직 '신앙의 눈'이다. 종교간의 대화는 이 '신앙의 눈'들의 만남이다. 신앙의 눈은 항시 초점을 가지고 있다. 초점이 흐리거나 다르면 만남은 불가능하다. 서로 다른 종교의 경우에도 이따금씩 신앙의 눈들이 어느 한 지점 혹은 같은 방향으로 시선을 모으고 집중 할 때가 있다. 사회가 어지럽고 혼돈스러울수록 인간은 구원이나 해탈을 갈구하게 된다. 인간으로서의 정체성을 확인해보고자 하기 때문이다.

그리스도교에서 이 '신앙의 눈'은 계시(啓示)라는 방편(channel)을 통해 드러나는 하나님의 뜻을 이해하는 인간의 응시(應視)다. 하나님의 계시 곧 역사 속에 나타내 보이는 자기계시를 인간이 어떻게 반응해 왔던가를 보여주는 것이 성서(聖書)요 그 증언이다. 그러므로 성서 속에 드러난 모든 계시는 하나님이 인간에게 드러내 보여주는 하강적 구조를 지닌다. 십자가의 사건도 신이 인간을 위해 친히 하강하여 고난을 당한 하나님의 고난 체험으로 설명된다. 하나님의 고난체험은 개인뿐 아니라 역사 속의 모든 수난을 대신 짊어진다는 연대(連帶)적 특성을 지닌다. 십자가의 결과는 부활과 승천(昇天)이라는 상승적 구조를 지닌다.

⑵ 인간응답(자기부정)과 신-인, 신-이웃 해방의 상승 구조

하나님의 자기 비움으로 출발하는 구원의 완성의 역사는 인간의 응답을 요구한다. 그 인간 응답의 방식은 자기부정(自己否定)이어야 한다. "누구든지 나를 따르려거든 자기를 부인하고 자기 십자가를 지고 따라야 한다." 이 자기부정의 길이야 말로 인간이 신과 하나가 되고 이웃과 하나가 되는 첩경(捷徑)이다. 자기부정은 신의 하강에 따른 인간의 동반적 하강으로서 아픔과 고난 그리고 죽음(죽임)을 넘어 해

방에 이르는 신-인의 동반적 해방이 된다. 이것을 예수는 '하나님 사랑-이웃사랑'이라는 새로운 계명(마태22:37-40) 속에 구체화시킨다. 몰트만의 표현처럼 '십자가에 달린 하나님'[101]은 인간의 고난에 동참하고 동시에 인간을 고난에서 해방시킨다. 이것은 신-인의 동시 해방을 알리는 하나의 상승구조가 된다. 그러므로 하나님의 계시에서 출발하는 인간 해방의 하강적 구조는 인간의 자기 부정을 통한 이웃사랑의 실천으로 신-인과 신-이웃(나를 포함하는)은 동반적 해방 상승을 경험하게 된다.

신-인의 동반적 해방 상승은 어디까지나 '신앙의 눈'으로 바라 본 해석이다. 이러한 해방된 '유토피아적 이상향'의 세계를 구약성서의 예언자 이사야는 다음과 같이 묘사한다. "보라 내가 새 하늘과 새 땅을 창조하나니…… 우는 소리와 부르짖는 소리가 그 가운데서 다시는 들리지 아니 할 것이며, 거기는 날 수가 많지 못하여 죽는 유아(幼兒)와 수한(壽限)이 차지 못한 노인이 다시는 없을 것이라. 곧 백세에 죽는 자가 아이겠고, 백세 못되어 죽는 자는 저주 받은 것이리라. ……그들이 부르기 전에 내가 응답하겠고, 그들이 말을 마치기 전에 내가 들을 것이며, 이리와 어린양이 함께 먹을 것이며, 사자가 소처럼 짚을 먹을 것이며, 뱀은 흙으로 식물을 삼을 것이니 나의 성산에서는 해함도 없겠고, 상함도 없으리라 여호와의 말이니라(이사야65장)." 성서신학자 이 종록은 이 본문에 대하여 이스라엘 백성들이 바라던 이상적 사회라 일컫고 이를 유토피아적 이상으로 해석하기도 했다. 즉, '새 하늘과 새 땅'이 이스라엘의 유토피아라고 했던 것이다. 그리고 이를 다시, 미륵경에 나오는 '용화세계(龍華世界)'에 비유한다. 미륵불이 이 세상에 내려와서 용화세계를 이룰 것을 말하는 미륵하생경

101) 예수의 십자가 사건을 하나님의 수난의 동참으로 적절히 잘 표현한 신학자는 몰트만이다. 『십자가에 달리신 하나님』 김균진 역, (2005), 한국신학 연구소 참조.

(彌勒下生經)의 이상향인 염부제(閻浮提)의 모습이 이사야의 예언적 이상향과 크게 다르지 않다는 것이다.[102)]

염부제의 모습을 잠시 살펴보자. "더러운 물건이 다 소멸되며 달고 향기로운 과일나무가 땅에 나타나고, 기후가 고르고 사시가 조화되며 사람의 몸에는 백팔종류의 질병이 없고, 욕심 성냄 어리석음이 엷어지고 사나운 마음이 없으며 인심이 골라서 다 한뜻과 같으며, 서로 보면 기뻐하고 좋은 말을 주고받으며 그 말이 통일되어 차별이 없는 것이 마치 '울단월 세계'와 같으니라. 그때에는 이 세상의 인민이 다 고루 잘 살아서 차별이 없으며 대소변을 하려하면 땅이 저절로 열리고 일 마친 뒤에는 다시 합치느니라."

종교는 달라도 인간이 원하는 이상적 세계상은 유사한 모습을 지닌다는 것이다. 이러한 유토피아적 이상향이 그리스도교의 구약성서에서는 출애굽이라는 해방전통과 바벨론 포로생활에서의 해방이라는 정치적 민족적 구원 이야기와 결부되어 나타난다. 하지만 신약성서에 와서는 예수가 친히 해방자로 등장하여 민중을 구원하고 있다. 이 때 예수는 하나님의 아들로서의 위치를 가지고 있지만 종의 형태를 취하여 인간을 섬긴다. "인자가 온 것은 섬김을 받으러 온 것이 아니라, 섬기러 왔다"는 표현에서도 잘 알 수 있다. 이상을 종합하면, 예수의 구원 행위는 개인적인 실존적 구원은 물론 사회적 해방의 성격도 함께 지닌다는 것을 알 수 있다. 그 해방의 구조는 일차적으로 하나님의 '자기 비움'에서 출발하여 인간의 '자기 부정'적 응답을 통하여, 개인의 실존과 사회적 통합이라는 사회구원을 완성해 가는 것으로 이해 될 수 있다.

---

102) 이종록, "엑소더스와 유토피아", 『21세기 사회와 종교 그리고 유토피아』, 28-30쪽. cf. 황패강, 『신라불교설화연구』, 259-260쪽.

## 2. 불교의 해탈 : 상승과 하강의 구조

### ⑴ 상구보리(上求菩提) 하화중생(下化衆生)

불교의 구원(해탈)관은 '상구보리 하화중생'이라는 표현 속에 종합적으로 잘 드러나 있다고 볼 수 있다. 위로는 깨달음을 구하고 아래로는 중생을 교화 한다는 의미 속에 깨달음과 중생제도라는 불교의 궁극적 지향점이 잘 드러나고 있는 것이다. 여기서 위와 아래라는 표현이 반드시 공간적 측면을 뜻한다고는 볼 수 없고 상징적 표현으로서의 의미를 지닌다고 보아야 할 것이다. 앞에서 그리스도교는 하나님의 계시를 통한 자기 낮춤이라는 하강적 구조와 인간의 응답과 해방이라는 상승적 구조를 말했지만 이것 또한 공간적 의미로 한정 될 수 없는 것이고 상징적 지향점이라는 측면에서 이해되어야 할 것이다. 그리스도교의 구원을 '외부로부터의 구원'이라고 보고 불교의 해탈을 '내부로부터의 깨달음(해탈)'이라는 각도에서 설명하기도 한다. 그럼에도 불구하고 상구보리와 하화중생은 이미 대승적 차원에서의 해탈 구조를 잘 요약해 주는 말이라고 볼 수 있다.

위로 깨달음을 추구한다는 상구보리의 실체와 의미는 무엇인가? 붓다가 깨달은 진리[103]는 당시 우파니샤드의 철학자들이 탐구하던 관념적 내용을 벗어나서 "현실에 빛을 주는 진실"[104]로서의 진리였다. 이 진리는 곧 "진실한 자기실현의 길"이다. 진실한 자기실현을 위해서는 자기와 자기를 둘러싼 환경의 일체를 내포하여 현실존재의 있는 그대로의 모습을 여실히 바라 볼 수 있는 깨달음의 눈(如實之

---

103) 붓다의 깨달음(bodhi)은 오온(五蘊, upādānakkhandhas, panca skandha)의 공(śūnyatā)함을 모르는 무지(avidyā)에서 벗어나 욕망(taṇhā, lobha)의 집착을 없이함으로써 생사윤회(saṁsāra)하는 고통(duḥkha)을 멸하는 사성제(四聖諦)를 통하여 팔정도(八正道)를 수행함으로써 열반(涅槃, nirvāna)의 해탈을 얻는 것으로 설명된다. Donald M. Borchert, ed. Encyclopedia of Philosophy vol. 5. 2nd edition, (2006), New York : Thosmson, pp.328-329.

104) 早島鏡正, 外, 『印度 思想의 歷史』, 정호영 역, (1988), 민족사, 48쪽.

見)이 필요하다. 현실존재의 있는 그대로의 실상(實相)은 '연기(緣起)'며, 연기의 이면적 실상은 공(空)으로 파악되었다. 여기서 우리는 '연기적 실상'을 주목해야 한다. 연기적 실상에서 두 가지 측면을 고려해 볼 수 있다. 하나는 존재론적 차원의 연기요, 또 하나는 윤리적 차원의 연기다. 전자의 실상을 바르게 깨닫는 것이 독각(獨覺)이라면, 후자의 윤리적 연기를 깨닫는 것은 '중각(衆覺)'이라 이름 해도 좋을 것이다.

연기적 실체는 우주와 인간의 존재방식이다. 인간은 혼자 살수 없다. 그러므로 독각도 중요하지만 중각이 필요하다. 중각은 '연대성의 깨달음' 혹은 '깨달음의 연대성'이라고 말할 수 있다. 사회적 연대성에 대한 이해가 없는 나 홀로의 깨달음은 무슨 가치가 있겠는가 하는 점이다. 그것은 절반의 깨달음에 불과하니 온전한 깨달음이라고 보기 어렵다. 물론 독각이 부처의 교설을 이해하는 것을 전제로 하는 것이지만 말이다. 그러므로 진정한 깨달음은 '하화중생'이라는 실천적 의지의 윤리적 연대성을 통한 사회적 구원을 동반하는 것을 전제로 한다. 이것이야말로 보살정신이 발현되고 구현되는 대승(大乘)적 깨달음이라 할 것이기 때문이다.

### ⑵ 해탈의 사회학적 의미

해탈을 의미하는 산스크리트어인 목샤(mokṣa)는 남성명사이고, 여성명사는 묵티(mukti)로서 모두가 묵크(muc)라는 어근에서 파생된 동의어로서 "해방(release)"을 의미한다.[105] 이는 기원전 6세기경의 특히 초기 불교에서뿐만 아니라 고대 우파니샤드의 사상에서 맹아를 보이는 윤회(輪廻, Saṃsāra)의 고통으로부터 벗어나는 것을 의미해 왔다. 해탈의 근원적 의미는 업(業, karman)과 그 결과인 윤회의 속박에서

105) Mircea Eliade, ed., *The Encyclopedia of Religion*, Vol. 10, (1987), New York, Macmillan Pub. p.28.

벗어나는 것으로 정의 된다.[106] 이러한 속박에서의 해방을 해탈이라고 하는데, 살아서 얻게 되는 유여열반(有餘涅槃, saupadisesa-nibbāna)으로서의 해탈(생 해탈, 有身解脫 jīvanmukta)과 죽음 이후에 얻게 되는 무여열반(無餘涅槃, anupadisesa-nibbāna)으로서의 해탈(無身解脫, ajīvanmukti)이 있다.[107] 그런 점에서 해탈은 궁극의 경지[108]라고 하겠다. 이 궁극의 경지로서의 해탈을 『열반경』에서는 절대적 청정(淸淨)이나 탐진치(貪瞋癡)에서 벗어난 자연스러운 즐거움으로 설명하기도 하지만, 해탈은 여래(如來) 자체로서 본성(本性)이 청정하기 때문이라는 것이다. 그러므로 여래와 해탈은 동일시된다. 그리고 이 해탈은 무위(無爲), 허공(虛空), 무병(無病), 안정(安靜)이며, 두려움과 근심이 없고 파탄이나 핍박 받는 일도 없다. 그리고 진정한 해탈은 무한하며 오묘하고 고요하며 평등하다.[109]

일체 번뇌의 속박으로부터 자유롭게 되는 궁극적 경지로서의 해탈은 신심이 모두 안정된 경지로서의 열반(nirbāṇa)과 같은 상태다. 앞서 본 바와 같이 열반에 대한 해석은 다양하다. 우선 초기의 부파(部派)불교 전통의 하나인 <분별설부, 分別說部>에서는 열반을 "의식과 생명이 영원히 소멸된 상태"라고 하고, <경량부, 經量部>에서는 허무적멸(虛無寂滅)의 상태를 말하는 "세계과정의 단순한 소멸"이라고 주장했다. 이들은 모두 열반 전에 존재하는 어떤 실재가 열반 후에는 사라진다고 보는 입장이다. 이에 대해 대승 철학자인 나가르주나는 "절대와 현상, 열반과 번뇌 사이에 어떤 차별도 없다." 전체적으로 볼 때 우주는 절대요 과정으로 볼 때 우주는 현상이다.[110] 그렇다

---

106) 같은 책.

107) 두 종류의 열반에 대해서는, 木村泰賢, 『原始佛敎思想論 』, (1992), 경서원, 345-356쪽을 참조하라.

108) 만해 한용운 편찬, 이원섭 역주, 『佛敎大典』, (1980), 현암사, 928쪽.

109) 같은 책, p. 929.

110) T. Stcherbatsky, *The Conception of Buddhist Nirvāṇa,*(1977), 『열반의 개념』 연암종서 역, (1994), 경서원,

면 유한한 세계 내에서의 억압과 소외는 단순한 세계과정의 필연적 산물이어야 하는가? 그렇지는 않다. 진정한 수행자(Yogācāra)는 "새로운 무엇을 생기게 하지도 않고, 존재하는 어떤 것을 억누르지도 않기" 때문이다.[111] 오히려 <열반경>이 보다 적극적으로 무여열반의 해탈심(vimuttacitta)을 상(常), 락(樂), 아(我), 정(淨)의 당체[112]라고 보았던 것처럼, 그것을 사회학적 현실 속에서 구현하는 일은 불가능한 것일까? 해탈을 얻기 위해서는 기본적으로 고집멸도(苦集滅道)라는 사성제(四聖諦)의 멸제(滅諦, 苦의 止滅이라는 진실)를 터득하고 팔정도(八正道)를 수행하는 일이 필요하겠지만, 보살수행의 정신을 잘 말해주는 육파라밀(六波羅蜜, )의 수행이 더욱 중요한 과제라고 생각된다. 육파라밀 가운데서 첫 번째인 보시(布施)야말로 사회적 해탈로 가는 첫 번째 관문이 될 것이다. 해탈과 보시는 무슨 상관이 있는가? 『아함경』에 따르면, "이것이 있으므로 저것이 있고, 이것이 일어나므로 저것이 일어난다."고 했는데, 이것은 '만유연기(萬有緣起)'로서의 '법계연기(法界緣起)'를 말하는 화엄(華嚴)사상의 기초를 제공하는 것이기도 했다.[113] 이러한 연기적 상관관계 속에서 해탈은 보시와 필연적 관계를 지니게 된다.

앞서 말한 '중각(衆覺)' 또한 연기적 실재의 사회적 깨달음이라고 말할 수 있다. 사회적 깨달음은 연대성(連帶性)을 기초로 한다. 우리는 주로 연기적 사고에서 공성(空性)을 파악하는데 익숙해 있지만 사실은 연기의 사회적 측면은 무시하고 사는 경우가 많다. 1980년대에 활발했던 한국 민중불교 운동도 바로 이러한 불교 운동의 사회적 실

---

109-110쪽.

111) 같은 책, 416쪽.

112) 木村泰賢, 『原始佛敎思想論』(1992), 경서원, 356쪽.

113) 이종익, 『불교사상개론』(1973), 경성문화사, 280쪽.

천을 강조한 것이다.[114] 법성 여익구는 한국 불교현실의 몰역사성과 반민중성을 비판하며, 천만 불교인구 가운데 어느 만큼이나 '고통 받는 삶들의 보편적 해방'이라는 불교의 철학적 방향성을 제대로 지니고 있는가를 질문하면서, '자기의 폐쇄적인 기득권을 깨뜨리고 민중의 고통 속에 온몸으로 내려오신 불타의 삶의 모습'에 얼마나 가깝게 살아가고 있는가를 반성해야 한다고 말한다.[115] 이러한 반성적 실천을 위해 여익구는 실천이론으로서의 연기론을 들고 나왔는데, 옳은 주장이라고 생각된다. 그가 말하는 연기론에 따르면, "인간 활동에 외적으로 주어진 대상의 고립성을 부정함으로써 사물에 대한 신비화와 소유관념, 타자에 대한 소외 관념을 부정한다."[116]

한편 불교학자 이기영도 사회를 연기적 관점에서 파악하기는 하지만 다소 추상적으로 전개하고 만다. "불교는 이 사회를 하나의 연기로 본다. 그것은 실체가 없다는 말이다. 전변무상하다는 말이다."[117] 이는 서양 철학자들의 조직적 개념으로서의 실체적 사회 관념을 부정하는 뜻에서 한 말이기도 한데, '부분과 전체 조화의 원리'로서의 사회를 설명하는 곳에서도 '소외관념 부정'이라는 측면이 약하다. 예컨대, '일즉일체(一卽一切 一切卽一)'라는 화엄의 근본정신을 통하여 인간과 사회 세계와 자연을 이해하고 있지만 상즉상의(相卽相依)하는 세계의 연기론적 측면을 사회에 적용해야 한다[118]는 원론적 선언에 그치는 것이어서 사회 실천적, 사회 구원론적 메시지는 약하다.

해탈의 사회학적 의미를 연기론에서 찾는다는 것은 불교 이론에서

---

114) "민중불교 운동의 이념과 교리적 배경"에 대한 글로서 법성 여익구의 논문을 참조하라. 『민중불교의 탐구』(1989), 민족사, 13-49쪽.

115) 같은 책, 14-15쪽.

116) 같은 책, 19쪽.

117) 이기영, 『한국불교연구』(1982), 한국불교연구원, 562쪽.

118) 같은 책, 566-567쪽.

지극히 당연한 귀결이라고 할 수 있다. 인간과 우주는 관계적 존재이며 그 누구도 관계적 그물망에서 벗어날 수 없다. 다만 이 모든 존재가 속박을 넘어선 해탈이라는 평등과 안온(安穩)을 지향 한다고 볼 때, 억압구조와 소외 현실은 마땅히 제거되어야 한다. 이상을 종합해 보면 해탈은 무지(無知)에서의 깨달음(正覺)과 이를 통한 열반(涅槃)의 체득을 말하는 것이기도 하면서도, 연기적 상호관계의 실체를 고려한다면 나 홀로 떠나는 독각-해탈-열반의 의미가 축소될 수밖에 없다는 것이다. 따라서 연기적 상호관계를 고려하여 연대성을 감안한 대승적 '중각'을 통하여 해탈과 열반의 세계를 함께 열어가는 사회적 해탈의 각성이 요구된다. 이것이 대우주적 생명 공동체를 열어가는 자리이타(自利利他)의 불이(不二)적 세계일 것이다. 사회적 해탈의 각성, 곧 '중각'의 경험은 사회적 연대성의 의지요 사회적 해방의 영성이며, 모두가 함께 잘살아보자고 하는 공동체적 염원이다.

### 3. 교회와 승가(僧伽, saṁgha)의 사회 구원의 직무 - 구원과 해탈이 만나는 수평적 자리

교회는 '그리스도의 몸(soma)'을 이루는 유기적 공동체다. 그리스도의 몸은 '제자들의 몸'으로 구성된다. 그러므로 교회는 하나님을 중심으로 한 제자들의 몸이다. 그리스도를 교회의 머리로 하여 제자들은 그 몸의 지체를 형성한다. 지체마다 고유한 기능이 있다. 원시 교회 공동체는 해방된 구원 공동체의 이상을 보여주었다. 가진 자와 가난한자 억압과 차별이 없는 유무상통한 평등 공동체였다. 이 점은 붓다를 따랐던 원시 불교 공동체도 마찬 가지였다. 인간이 협동하며 서로 돕고 사는 사회적 삶의 가치는 언제나 개인적 삶의 가치 보다 더 높다. 교회와 승가는 각기 그 공동체의 탄생 이후 역사 속에서 중단 없이 지속되어 왔다. 그러나 시대와 환경에 따라 홍망성쇠를 거듭해 왔다. 때로는 시대에 역행하는 반사회적, 반 평화적 기능을 교회와 승가가 담당해 오기도 했다. 현대 교회나 승가의 생존 위기도 상생과 사회적 구원이라는 공동체적 삶의 모색을 벗어나서, 자기 교단이나 개체 교회 혹은 사찰의 외형적 물질적 사욕을 따르게 되는 결과일 수 있다.

이제 교회와 승가는 비도덕적이고 비사회적인 악습을 버리고, 예수와 붓다가 보여준 구원과 해탈의 해방적 정신을 보여주면서, 사랑과 자비의 사회적 실천을 도모해야 한다. 교회와 승가공동체의 사회적 영향력은 개인의 힘보다 월등히 크다. 공동체적 결속을 강화시켜 주는 것은 신앙이다. 교회는 온 세상 사람들이 하나님의 자녀임을 믿고, 승가(僧家) 공동체는 온 세상 사람들이 불성(佛性)을 지니고 있는 자들임을 믿는다. 하나님이냐 붓다냐 하는 미래적 궁극적 지향 점은 다르더라도, 적어도 이 땅에서의 삶의 존재 방식은 '더불어 사는 평화로운 공동체'로서의 이상(理想)만큼은 다를 수가 없다. 사랑과 자비로 이루어지는 세상, 그것이야말로 이 땅에서 누릴 수 있는 구원과 해탈의 세계일 것이기 때문이다. 사랑과 자비를 이룰 수 있는 구체적인 방식은 오직 '비움(虛)과 나눔(施) 그리고 사귐(際)'으로 가능하다.

그 구체적인 방식을 교회와 승가는 사회 속에서 부단히 실행해야 한다. 사회 속에 엄연히 도사리고 있는 계급사회의 계층적 부조리를 격파하고 이상적인 평등 공동체로서의 모범을 보여주어야 한다. 원시교회 공동체와 같이, 원시 승가도 유무상통하는 평등 공동체였다. 어차피 교회나 승가는 모두 구원과 해탈을 바라는 공동체다. 인류사에서 2천년이 넘도록 교회와 승가는 제도적 명맥을 유지해 왔다. 이들 공동체는 예수와 붓다의 가르침을 따르고 실현하기 위해 결성된 공동체다. 그러므로 이들 공동체의 참된 가치는 예수와 붓다의 정신을 얼마만큼 담아내는가 하는 문제와 직결된다. 대자대비(大慈大悲)와

아가페 사랑으로 요약되는 이들의 가르침은 이기적 욕망을 벗어난 사회적 사랑의 실천을 의미한다.

구원과 해탈이 만나는 또 하나의 공통의 장은 고통과 소외, 억압이 제거되는 유토피아적 희망의 공동체다. 예수는 갈릴리를 중심으로 소외된 민중들의 해방을 위해 그들을 치유하며 하나님 나라의 희망을 전했고, 붓다는 사성제의 가르침을 통하여 인간에게 편만한 보편적 고통의 소멸을 위한 한줄기 해탈의 빛을 던져주었다. 교회와 승가가 현대 사회에 던져 주어야 할 직무는 사랑과 희망의 빛이다. 그것이 곧 구원과 해탈의 또 다른 이름이기 때문이다. 그런데 오늘의 한국 교회와 승가는 어떠한가? 호남신대 이진구 교수는 "대형 교회의 설교가 일반 기업체나 연구소에서 행해지는 성공학 강좌와 별반 다르지 않은 것으로 이는 신자유주의와 공모 관계에 있음을 입증하는 것"이라고 말하면서, 이러한 성공학에 기반 하여 성장한 한국 교회의 현상을 안타깝게 생각하면서 대형 교회들이 지니고 있는 막대한 자원을 교회와 사회를 위해 유용하게 쓸 수 있는 방안을 모색해야 한다고 주장했다.[119] 교회가 성공학을 강의하는 듯한 현장으로 바뀌어버린 오늘날 진정 교회가 소외된 사회의 구원을 위해 무엇을 해야 할 것인가를 심각하게 고민해 보아야 할 것이다. 한편 전 수송교회 담임 홍성현 목사는 "오늘날 한국 교회가 교회라는 울타리 속에서 복작대는 작은 섹트로서의 종교 형태를 벗어나지 못하고 있다"고 진단하고, "한국 교회가 크리스텐돔을 지향하는 교회성장 선교론에서 과감하게 탈피하여 민중들을 억압하고 수탈하는 정치, 경제, 군사 등등의 못된 권력에 당당하게 대항하는 세력으로 발돋움해야 한다. 이렇게 될 때 어두운 그늘 아래에서 갇혀 사는 사람들에게 빛을 주는 종교 본래의 모습을 회복 할 수 있다"고 주장한다.[120] 정치와 경제적 소외집단에 대

119) 이진구, "대형 교회에 대한 몇 가지 단상", 『새길 이야기』(2007, 봄), 131-139쪽.

한 교회적 해방의 직무를 일깨우는 좋은 사례들이다.

교회뿐 아니라, 승가의 사회적 책무도 마찬가지다. 앞서 보았듯이 해탈이 개인적 독각으로서 끝나는 것이 아니라, 연기적 실체를 감안할 때 승가는 연대성의 책임을 안고 소외 된 이웃의 해방을 위해 힘써야 한다. 오늘날 불교인구는 한국인의 35%를 차지한다는 통계가 있다.[121] 한국에서 아직은 가장 많은 신도수를 자랑하고 있다. 한국 역사에서 불교의 발전은 일반적으로 왕들의 비호와 국가적인 조처에 종속적이었다고 할 수 있다. 통일신라시대(668-935)와 고려시대(935-1392)는 특히 더 그러했다. 이 기간 동안에 한국 불교는 특유의 불교문화를 발전시켰고, '원융(圓融)'과 '화쟁(和爭)' 사상이나, '교선일치(教禪一致)'와 '정혜쌍수(定慧雙修)' 등으로 세계의 모순 대립을 지양하고 우주적 조화와 평화를 추구했다. 하지만 이들의 주장은 윤리적 계명이나 사회 경제적 체제를 개선하거나 제도적 혁신을 꿈꾼 것이 아니라, 세계의 우주적 이상을 인간 의식(마음)을 밝힘으로써만 조화와 혁신이 가능하다고 주장했다.[122] 차성환은 한국 불교의 두 가지 주요 흐름을 명상불교의 의식(意識)론적 차원과 호국불교와 구세주적 종교 성향을 들고 있다.[123] 소외층을 향한 사회적 실천의 모습은 크게 눈에 띄지 않는다. 오늘날의 한국 불교도 민속적 주술적 종교 성향과 습합되어, 다양한 모습으로 오히려 주술적 행위를 계속하고 있는 것도 사실이다.

한국 불교 전통에서 가장 중요시 하는 전승 가운데 하나인 대승적 '일심(一心)'이나 '여래장(如來藏)' 사상은 세계를 이해하고 구원시키

---

120) "세상을 위한 교회" 『새길 이야기』(2007, 봄), 145쪽.

121) 차성환, 『한국 종교 사상의 사회학적 이해』, (1995), 문학과지성사, 11쪽.

122) 같은 책, 16쪽.

123) 같은 책, 17-32쪽.

는 구원론적 의의가 큰 것이지만, 불의(不義)한 사회 구조를 개혁해 가는 사회-구원론적 역할은 미미한 것이었다고 볼 수 있다. 명상적 불교 윤리의 지식은 합리적 사회의 공공 윤리에로 까지 미치지 못했다는 점이다. 이른바 현세적 사회적 구원에 한국의 전통불교는 지금까지 큰 역할을 해 오지 못했다는 지적이다. 그 원인은 일차적으로 불교 지식인들의 종교적 성향에 있고[124] 이러한 불교를 따르는 일반 신도의 의식적 변화가 뒤따르지 못했기 때문이라고 볼 수 있을 것이다. 교회나 승가 모두 '진리'의 담지자로서 시대의 불의에 맞서 저항해야 할 예언자적 직무가 있다. 정치, 경제, 사회적 부정의뿐만 아니라, 생태계를 포함한 온 지구적 구원을 위해 끊임없이 투쟁해야 한다. 교회와 승가는 "모든 악들 중에서 가장 큰 악은 불의에 시달리는 것이 아니라, 불의를 행하는 것"[125]이라고 한 소크라테스의 말을 귀담아 들을 필요가 있다.

### 4. 사회적 구원으로 가는 길 : 사회적 십일조와 삼학(三學)의 실천

불교에서 해탈에 이르는 입문과정으로 가장 중요시 되는 방편이 계(戒), 정(定), 혜(慧)라는 삼학의 실천이 있다.[126] 이 때 계는 계율을 지키는 것으로 해탈에 이르는 중요한 길이 된다. 정(定)을 불교에서는 선정(禪定) 곧 삼매에 들기 위한 심신 수행의 하나로 생각하고, 혜(彗)는 지혜로서 붓다의 가르침을 깨닫는 것을 말한다면, 정이나 혜는 그리스도교에서 볼 때, 명상(기도)이나 성경공부에 해당한다고 볼 수 있다. 교회가 성경 공부나 기도는 열심히 하는 편이지만 계에 해당하는

124) 같은 책, 44쪽.

125) Johannes Hirschberger, *Geschichte der Philosphie,* 『서양철학사』(2003), 이문출판사, 87쪽.

126) 만해 한용운 편찬, 『불교대전』, 앞의 책, 935쪽, 〈解脫道論〉참조.

실천은 약한 것이 사실이다. 계의 실천의 일부를 십일조라고 생각 한다면 교회 내에서의 십일조는 잘 할지 모르지만 교회가 사회적으로 내는 십일조, 곧 사회적 십일조는 없다는 점이다. 이점은 승가도 마찬가지다. 이제 한국 교회와 승가는 사회적 십일조를 냄으로써 사회적 구원과 해탈에 이르는 일에 보다 앞장서야 할 때이다. 이것이 복지사회를 실천하는 사회적 구원의 최초의 발걸음이 될 것이기 때문이다.

## Ⅳ. 결론

구원과 해탈의 논리는 승강(昇降)의 구조 속에서 설명 될 수 있고, 그 승강의 오르내림이 교차하는 접점에서 구원과 해탈은 다시 수평적 차원으로 전개된다. 예컨대, 그리스도교의 구원은 하나님의 자기 낮춤이라는 계시적 하강과 인간의 자기 부정이라는 상승적 응답 구조에서 이루어지고, 그 응답의 양식으로서 하나님 사랑 이웃사랑이라는 새 계명으로서의 사회 실천적 구원의 임무를 지니게 된다. 불교에서의 해탈은 상구보리 하화중생이라는 대승적 슬로건이 말해주듯이, 위로 깨달음을 추구하고 아래로는 중생을 구제한다는 논리다. 예수가 소외 받고 고난 받는 갈릴리 민중들에게 일차적으로 구원의 손길을 뻗쳤고, 붓다가 해탈과 열반에 이르기 위해 팔정도를 가르치며 육바라밀의 요체인 보시와 자비를 강조한 것처럼, 그리스도인들과 불자들은 우선적으로 아가페와 자비의 정신으로 동시대에 살고 있는 모든 소외 받는 자들과의 연대성을 각성하여 함께 잘 살아가는 길을 적극 모색해야 할 것이다. 이것이 나 홀로의 구원이 아닌, 독각(獨覺)에서 연각(緣覺)으로 연각에서 '중각(衆覺)'으로 나아가는 사회적 해방의 길이 될 것이다.

생멸(生滅)의 차안(此岸)에서 불멸(不滅)의 피안(彼岸)으로 가는 것만이 해방(解脫)은 아닐 것이다. 물론 "상대적이고 유한한 생멸 세계를 떠나 절대적이고 무한한 해탈 세계로 들어가 영원한 행복을 얻고자 하는 것," 곧 『기신론(起信論)』론의 표현대로, 모든 괴로움을 버리고 구경의 즐거움을 얻는다(離一切苦 得究竟樂』는 것이 불교의 궁극적 목표임을 부정 하려는 것은 아니다.[127] 다만 이러한 구경의 즐거움을 저 세상이 아닌 이 세상에서도 앞당겨 실현해 보자는 것이 사회적 구원이나 해탈의 취지라는 것이다. 이점은 예수가 가르친 주기도문에서도 나타나 있다. "뜻이 하늘에서 이루어진 것 같이 땅에서도 이루어지이다(마태6:10)."

다원화된 탈 근대적 21세기에 그리스도교와 불교는 구태의연한 자세를 버리고 시대가 요청하는 부름에 걸 맞는 모습으로 거듭나야 한다. 거듭나는 것은 갈릴리의 마을의 해방자 예수 정신의 부활을 의미하는 것이며, 해방자 붓다의 보살 정신을 되살리는 것이다. 이 시대가 요청하는 부름은 무엇인가? 자본주의적 물신(物神)숭배로 사람들은 점차 이기적인 개인주의로 변하고 있고, 더불어 사는 공동체의 모습을 찾아보기 어렵다. 그런 점에서 '비움(虛)과 나눔(施) 그리고 사귐(際)'을 실천할 수 있는 건전한 대안적 공동체가 많아질수록 좋다. 그리스도교나 불교를 막론하고 진정한 기쁨(樂)은 비움(虛, 空, 無爲, 十字家)을 토대로 하여 이웃을 사랑(愛)하는 '나눔과 사귐(施-際)'의 관계 속에 있다. 이를 필자는 비움에서 출발하는 기쁨의 도(虛樂之道)라고 말하고 싶다. 공동체적 해방의 연대성은 '자기 비움' 곧 '자기부정(自己否定)'을 출발점으로 하지 않으면 안 되기 때문이다.

성서의 야고보는 말한다. "정결하고 더러움이 없는 경건(敬虔)은 고아와 과부를 그 환난 중에 돌아보고 자기를 지켜 세속에 물들지 않

---

127) 퇴옹 성철, 『영원한 자유』(1988), 장경각, 15쪽.

는 것이다(야고보1:27)." 고아와 과부는 당시 사회적 소외를 대표하는 자들이다. 오늘날은 각 종 장애인이나 보호 대상자들, 그 밖의 경제적 극빈자를 포함한 다양한 소외 자들이 있다. 구원과 해탈을 말하는 세계 종교의 대표적 종단이라 할 수 있는 교회와 승가가 이 사회적 직무에 앞장 서야 할 것이다. 그것이 십자가(十字架)를 지는 길이며 만다라(maṇḍala)[128]를 기억하는 일이다. 십자가를 추상화 하지 말아야 하듯, 만다라 또한 추상적 밀의(密意)로만 해석해서도 안 된다. 종교적 혹은 도덕적 당위의 세계와 현실 세계 사이에는 건너기 힘든 간격이 있는 것은 사실이다. 그러나 그 간격을 좁힐 수 있는 길이 없는 것도 아니다. 그 간격을 메워주는 가장 위대한 방편이 종교다. 이는 십자가와 만다라로 상징 된다. 문제는 십자가와 만다라를 개인적-내세적 차원에만 국한하여 해석할 것이 아니라, 사회적-현세적 차원으로 해석 할 필요가 있다는 것이다. 총체적-사회적 해방의 길은 요원하다. 그것은 유토피아 일 수도 있다. 그럼에도 불구하고 구원과 해탈을 추구하는 사람이라면 누구나 반드시 가야 할 길이다.

128) 만다라는 산스크리트어로 문자적인 의미는 '원, circle'을 의미하는 것이지만, 인도와 티벳 중국 등지에서 여러 가지 신비한 의례적 의미를 담고 있다. 기하학적으로 도형화 되어있는 만달라에는 해방을 상징하는 중심축이 있는데, 이 축을 중심으로 우주가 전개되고 있다. 일종의 거룩하고 신성한 우주를 형상화 하고 있는 것이다. 고대 인도에서 보이는 이러한 우주론적 도형은 메소포타미아의 지구라트나 고대 바빌론 성전탑에서도 보이지만 인도의 형태와 직접적인 관련성은 입증된바가 없다. 만다라의 특징은 인간과 우주와의 연관성을 찾는데 있다. E. Dale Saunders, *"Buddhist Maṇḍalas"*, *The Encyclopedia of Religion*, (1987), New York : Macmillan Pub., pp.155-156.

〈논찬〉

# 구원과 해탈의 만남

## - 이명권, 「구원과 해탈, 비움과 나눔에서 만나다」에 대한 논찬 -

윤원철(서울대 종교학과)

## 주제발표에 대한 이해와 논평

### 1. 논지의 요약

이명권 박사의 주제발표논문은 기독교와 불교 신행의 궁극적인 이상, 목표가 사회적인 차원에서 상통한다는 것을 적실한 자료와 정연한 논리를 통하여 주장하고 있다. 주요 논지는 다음과 같이 요약 정리할 수 있을 것이다.

그리스도교의 구원에는 사회적 차원이 있다. 그것은 이 땅에 정의와 자비가 실현되는 것을 의미한다. 즉 통합된 대동 사회, 사랑의 공동체의 실현을 의미한다. 이를 위하여 특히 소외된 이들을 억압에서 해방시키는 것이 예수의 복음과 활동의 초점이다. 그러한 하나님의 나라를 이루라는 요청에 대한 인간의 응답은 자기부정의 길이다.

그리스도교의 구원과 불교의 해탈은 상통한다. 양쪽 모두 상승과 하강의 구조로 이루어진다. 불교의 해탈에도 그리스도교의 구원과 마찬가지로 이상사회의 실현이라는 사회적 차원이 있다.

교회와 승가는 사회 구원의 직무를 공유한다. "계급사회의 계층적 부조리를 격파하고 이상적인 평등 공동체로서의 모범"을 보여주면서 "고통과 소외, 억압이 제거되는 유토피아적 희망의 공동체"를 실현하려는 노력에 매진하여야 한다. 바로 그 공통의 직무가 그리스도교의 구원과 불교의 해탈이 수평적으로 만나는 자리이다. 이를 위하여 교회와 승가는 기왕의 부정적인 행태를 혁파하고 "비움(虛)과 나눔(施) 그리고 사귐(際)"을 실천하는 데 매진하여야 한다.

## 2. 논평과 질문

나는 그러한 논지에 절절히 공감하는 입장이다. 평소의 내 생각을 나 대신에, 그것도 훨씬 더 풍부한 지식과 정연한 논리를 동원하여 피력해준 셈이기 때문에 구구히 논평을 할 것조차 없다는 느낌이다. 그리스도교 복음의 사회적 의미에 대해서 잘 배울 수 있었고, 불교 신행의 사회적 차원에 대한 해석도 적어도 나의 불교 이해에 비추어 보면 정확하고 적절하다고 생각된다. 사실상 주제발표의 내용에 대해서는 그 이상으로 논평의 말씀을 드릴 것이 없기 때문에, 그저 몇 가지 대목에 대해 떠오르는 옹색한 단상(斷想)이나 질문을 전하고 의견과 가르침을 청하고자 한다.

### (1) 구원의 사회적인 차원과 영적인 차원의 관계

그리스도교의 구원에 대한 "사회학적 해석"을 제시하고 이를 바탕으로 논지를 전개하였다. "인간이 사회성을 떠날 수 없다는 이유 하나만으로도 성서 해석의 사회학적 물음은 지극히 타당한 물음 가운데 하나"라고 조심스럽게 운을 떼어 그러한 해석의 정당성을 마련한다. 다른 해석, 이를테면 개인의 영적인 문제에 초점을 두는 해석이 큰 비중과 세력을 차지해온 신학전통과 신행현장을 염두에 두었을 것이라 짐작된다. 종교적인 이상의 사회적인 차원과 영적인 차원의 관계에 대한 발표자의 생각은 사실상 발표문 전반에서 암시되고 있지만, 신학전통에서는 그 관계가 어떻게 설정되어 왔으며 신행현장에서는 어떻게 실천되고 있는지 알고 싶다.

⑵ 대동 사회

"사회적 차원"을 이야기하는 맥락이므로 계급사회의 계층적 부조리 격파, 소외된 이들의 해방을 강조하는 데 대해서는 충분히 이해가 간다. 그러나 한편으로 "소외"를 계급적인 의미에 국한시키는 것은 논의의 폭을 너무 제한하는 것이 아닌가 하는 생각이 든다. 사회에는 계층적 부조리 말고도 다양한 부조리 내지 불화의 구조가 작동하고 있다. 서로 다른 종교들이 충돌하는 다종교상황의 현실도 그 중 하나이다. 그런 온갖 양태의 부조리가 포괄적으로 격파되어야만 비로소 사회의 종교적 구원이라 할 수 있는 것은 아닐까? 그런 많은 문제를 젖혀놓고 계급문제만 언급하는 것은 구원의 "사회적 차원"에 관한 논의로서는 너무 제한적이라고 생각된다.

⑶ 그리스도교와 불교

그리스도교의 구원과 불교의 해탈은 사회적 차원에서 상통하며, 교회와 승가는 사회 구원의 직무를 공유한다고 한 데 대해서 동의한다. 그런데 정작 교회와 승가가 그 사회적 구원의 직무를 수행하는 데에서 협동을 한다거나 하는 실천상의 만남에 대해서는 본격적인 논의를 전개하지 않았다. 마치 각자 "비움(虛)과 나눔(施) 그리고 사귐(際)"을 실천하는 데 매진하면 양측의 이상이 상통하기 때문에 아무런 문제가 없이, 두 큰 종교가 각자 노력하므로 오히려 두 배로, 사회 구원이 이루어질 수 있다고 하는 듯이 들린다. 비움과 나눔 그리고 사귐은 자기 자신의 내면과 사회계급상의 소외계층만을 대상으로 하는가, 아니면 타종교도 그 대상에 포함되는가? 타종교에 대한 비움과 나눔 그리고 사귐은 구체적으로 어떤 행태로 실천되어야 하는가?

## 만남에 대한 단상(斷想)

최근에 모 단체에서 주최한 <과학기술 종교를 만나다>라는 주제의 학술발표회에 참가하여 불교의 생명관에 대해 발표를 한 적이 있었다. 거기에서 만남의 전제조건에 대해서 이야기했는데, 그것이 과학과 종교의 만남뿐 아니라 기독교와 불교를 비롯한 서로 다른 종교의 만남에도 그대로 적용된다는 생각에 여기에서도 다시 한번 그 이야기를 꺼내고자 한다.

그동안 각자 독자성을 쌓아오고 서로 거리를 넓혀온 서로 다른 영역 또는 개체 사이에 새삼스럽게 진지한 만남을 모색하는 이러한 관심은 포스트모더니즘이라는 큰 추세의 일부라고 할 수 있다. 계몽주의와 낭만주의는 얼핏 보기에 서로 매우 다르지만 함께 근대성(modernity)의 근간을 구성하는 큰 맥락 속에서 연속성을 가지는 바, 그 두 이념에 연속되는 근대성의 핵심 축 가운데 하나가 개체(individual)의 절대성이다. 그런데 각 개체가 절대적이라는 이념과, 한편으로 그런 절대적인 개체가 엄연히 여럿이라는 현실에 대한 인식은 언젠가는 맞대결을 해서 관계를 정립해야 할 터였다. 그 만남의 필요성에 대한 절실한 인식 자체가 포스트모던적인 인식의 일부인 것이다.

그런데 아직은 대부분의 만남의 장이 여전히 근대적인 구별과 우열의 의식 위에서 억지로 마련되고 있을 뿐이라는 인상을 주는 양상을 흔히 볼 수 있다. 그 대표적인 예가 종교 간의 대화이다. 종교는 각자 절대진리를 표방하지만, 통신과 수송 기술의 급격한 발전으로 인류의 생활범위가 갈수록 넓어지면서 다종교상황이 일상의 절실한 현실이 되었다. 절대진리의 주장이 하나가 아니며 게다가 더 이상 상하관계가 아니라 똑 같이 절대적인 자격을 가지고 여럿이 '나란히' 존재한다는 당혹스럽지만 엄연한 현실을 소화해보려는 노력의 일환이 종교 간 대화일 것이다. 하지만 그런 만남도 대체로 일부 점잖은 지도자들 사이의 회합 또는 학문적인 담론에서나 적극적으로 모색될 뿐이다. 일반 종교인들의 구체적인 신행현장에서는 기껏해야 사교나 예의의 수준에서 시늉이 이루어지는 정도이지 본격적이고 전면적으로 소화되지는 못하고 있다. 그것은 지금까지의 만남과 대화가 뭔가 어설픈 구석이 많았기 때문이 아닐까 돌아보게 한다.

종교 간의 어설픈 만남의 대표적인 유형이 포용주의(inclusivism)의 틀을 품은 채 이루어지는 만남이다. 종교인들은 흔히 다른 종교나 지식생산체제에서 세상의 진상에 대해서 이야기하는 것들이 기실은 자기 종교에 이미 다 들어있다는 식으로 말한다. 그런 태도를 깔고 이루어지는 만남은 타자(他者)와의 관계문제를 우열판정을 통해서 해결하려는 것이니 사실상 독선과 배타의 태도(exclusivism)와 근본적으로 다를 것이 없다. 그것은 기실은 충돌이지 지금 우리가 기대하는 만남은 아닐 것이다.

또 하나 경계해야 할 만남은 근본적인 차이와 충돌의 현실은 젖혀놓고 피상적인 유사점이나 상통성만을 부각시키면서 접근하는 것이다. 여자와 남자의 공통된 점만 뽑은 것으로는 사람에 대한 총체적인 이해를 도모할 수 없으며 더욱이 남녀가 살갗을 맞대는 삶의 현장에서 둘 사이의 근본적인 관계를 확립해주지 못한다. 남녀의 서로 다른 면에 대해서 우열의 틀이나 정상 · 비정상의 틀을 적용해서 판정하는 것도 사람에 대한 적확한 이해에 도움이 되지 않는다.

마찬가지로, 종교 사이의 피상적인 공통점이나 상통점만 뽑아서는, 또는 각자의 기준을 가지고 시비를 가리는 것으로는, 인간과 세상의 총체적인 진상에 접근할 수 없고 오히려 그것을 왜곡시킨다. 이제 우리가 모색하는 만남은 충돌을 위한 것은 물론 아닐 터이며, 일방적인 흡수나 예의를 갖춘 사교를 위한 만남도 아니다. 서로 한껏 다른 두 타자 사이의 거리를 평면적으로 억지로 오므리는 만남도 아닐 것이다. 멀리 떨어진 좌표들을 다 품고 있는 3차원적인 콘텍스트를 간파하고 세상의 진상에 대한 우리의 의식과 지식, 이해를 그 범위까지 확장하는 것을 목적으로 하는 만남일 것이다. 서로 다른 종교들을 다 무리 없이 아우르는 콘텍스트란 막연하나마 일단은 인간의 진상, 세상의 진상이라고 일컬을 수 있는 그런 것일 터이다. 그러한 모색을 제대로 하려면 우선 서로 다른 절대진리를 표방하는 타자적인 영역들 사이의 거리와 근본적인 차이를 오롯이 직시하고 가늠할 필요가 있는 것이다. 그래야만 그 둘을 다 담고 있는 큰 콘텍스트를 축소하거나 왜곡하지 않고 온전히 발견할 수 있겠기 때문이다. 다양한 진리 주장들의 절대적인 차이와 거리를 오롯이 담고 있는 인간과 세상의 복합적이고 거대한 진상에 다가가기 위한 만남이어야 비로소 의미 있는 결실을 기대할 수 있을 것이다.

마이클 피셔는 연구자와 연구대상을 비롯하여 어떤 주체와 타자 사이의 만남에서 일어나는 "轉移"(transference)라는 것을 이야기하면서, 이것을 다음과 같이 정의하였다. "인격 차원에서 일어나는 공감적 '쌍방 통행.' 즉, 자아 속에서 일어나는 일을 해명할 실마리를 [자기 밖의] 남에게서 찾는 것." 그리고 또 다음과 같이 덧붙인다.

(자신과 타자 사이에) 쌍방 또는 다방 통행이 있으려면 [양쪽 모두에 각자] 확실한 준거가 있어야 한다. …… 양쪽 전통이 [확연히 대비를 이루면서] 상대방을 서로 비평하거나 상대방의 정체를 서로 노출시키는 작용을 할 때, 그 [각 전통을 차별적으로 성립하게 해주는] 각자의 준거까지도 그 상호 비평과 노출의 대상이 되어야 한다. 한편, 타자를 자신에 흡수해버리는 것은 경계할 필요가 있다. 타자를 자신에 흡수해버린다 함은 비슷한 점, 또는 다른 점만 보는 것을 말한다"

(Michael Fischer, "Ethnicity and the Post-Modern Arts of Memory," in James Clifford & Geroge E. Marcus, eds., Writing Culture: The Poetics and Politics of Ethnography, (Berkeley: U of California P, 1986, p. 201).

그리스도교와 불교가 만나더라도 그러한 "전이"를 차단하고 만나는 것은 진정한 만남이라 할 수 없다. 즉 만남을 통하여 하나가 된다거나 끝없이 다툰다거나 하는 것이 아니라, 그 만남이 각자 자기 자신과 상대방의 가장 기초적인 준거, 정체까지 인식케 하는 기회가 되어야 할 것이다. 그리고 차이를 오롯이 보존하고 부각시킨 채로 그 서로 다른 좌표를 다 포함하는 더 높은 차원의 콘텍스트를 찾아내는 일이 중요하다.

각자의 영역에 안주하면 편안하다. 하기 싫은 일은 안 하고 하고 싶은 일만 하며 살고 싶다. 하지만 세상에 그렇게 살 수 있는 복을 타고난 생명체는 없다. 어차피 타자와 부대끼고 하기 싫은 일도 해야 하는데, 거기에서 어떤 긍정적인 의미를 찾을 수만 있다면야 다름과 싫음도 감내할 수 있고 나아가 적극적으로 수용할 수 있다. 예를 들어 공부가 하기 싫어도 그것이 나의 발전을 위한 것이라는 의미를 받아들이면 싫어도 하게 된다. 또 한 예로, 남의 종교의 의식으로 행하는 결혼식에 참석하여 앉아있는 것은 아주 싫은 일이다. 그럼에도 불구하고 참석해서 어색함을 무릅쓰고 함께 그 종교의 의식을 따라주는 것은 축하하는 마음과 인간관계의 중요성이라는, 그 다름과 싫음을 넘어서는 더 큰 의미를 받아들이기 때문이다.

다른 종교 사이의 만남도 다름과 싫음을 넘어서는 어떤 더 큰 의미의 장을 전제하고 추구할 때에 비로소 진정한 만남이 될 수 있다. 그것은 세상의 그 어떤 다른 개체들 사이의 만남보다도 더 어렵다. 적당히 다른 개체들 사이의 만남이 아니라 서로 다른 절대진리 사이의 만남이기 때문이다. 서로 다른 절대진리 주장들을 오롯이 다 품을 수 있을 만큼 큰 의미는 무엇인가? 앞에서도 언급했듯이 그 더 높은 차원의 의미콘텍스트는 이를테면 인간과 세상의 총체적인 현실과 진상이 아닐까 싶다. 바로 그것이 만남의 논의에서 전제이자 궁극적인 주제가 되어야 할 것이다.

미국에서 어느 승용차에 "Think global, act local"이라는 문구를 담은 스티커가 붙어있는 것을 보고 참 좋다고 생각한 적이 있다. 아마도 환경운동의 구호가 아닐까 짐작되는데, 종교 간의 만남을 위한 노력에도 그대로 가져다 쓸 수 있겠다. 온갖 다른 것과 서로 싫은 것이 펼쳐지는 이 세상과 인생의 문제를 제대로 대면하고 해결하려면 우선 구별을 넘어서 총체적인 현실을 바라보아야 한다. 그러면서 또한 바로 지금 여기에서 벌어지는 구체적인 다름과 싫음의 문제를 붙들고 씨름하여야 한다. 일상에서 벌어지는 종교인과 종교단체 들 사이의 구체적인 충돌을 가지고 고민하여야 한다. 그리스도교와 불교의 지성인들이 모인 마당이라 "Think global"하기는 비교적 쉽다. 그러나 "Act local"은 오히려 쉽지 않다. 목사님, 신부님, 전도사가 불교는 마귀의 짓거리라고 가르칠 때, 큰스님이 그리스도교를 비방하는 말씀을 할 때, 그렇지 않다고, 그러지 말라고 바로 그 현장에서 일러주기 같은 것이 그 한 예이다. 또 한 예로, 여러분의 아들 딸이 하나님 나라나 부처님 나라는 땅 끝가지 전도·포교가 이루어져서 모두가 교회에 다니게 되거나 절에 다니게 될 때 이루어지는 것인가 아닌가 하는 질문을 했을 때 무엇이라고 답변할 것인가? 그동안 보존해온 자신의 성채가 무너질 것까지도 각오하고 이런 현실적인 난제들과의 본격적인 씨름에 달려들기를 주저하는 한 진정한 만남은 요원할 것이다.

제4부

# 불교의 사회 해탈

## 보살의 해탈과 의인의 구원 - 생태적 해탈과 생태적 구원을 위한 불교와 그리스도교의 대화 - : 최종석(금강대)



## 〈논찬〉 보살과 의인의 만남 - 생태적 해탈/구원을 위하여 - : 구미정(숭실대)

# 보살의 해탈과 의인의 구원

## -생태적 해탈과 생태적 구원을 위한 불교와 그리스도교의 대화 -

최종석(금강대 불교문화학과)

### Ⅰ. 들어가는 말

종교가 사회 전 분야에 막대한 영향력을 행사하던 시대가 있었다. 현대에는 종교가 사회에 대하여 갖는 규제력은 미약해져 있다고 한다. 브라이언 윌슨(B. R. Wilson)은 종교의 사회적 통합화의 약화 현상을 도덕적 공동체(moral community)에서 합리적 사회(rational society)로 변환하는 과정에서 일어나는 현상으로 설명한다. 이 과정에서 종교는 필연적으로 쇠퇴할 것으로 본다.[129] 그 동안 전통종교에 의해 유지되어 오던 정신적 기반이 현대사회에서는 새로운 이념과 사상, 주의로 그 자리를 대체하고 있기에 일어나는 현상이라고 한다. 자연과학의 발달은 자연의 기이한 현상이 더 이상 신비로운 것으로 남겨두지 않는다. 또한 과거에 사물이나 인간, 또는 신비로운 것에 더 이상 성(聖)스러움을 부여하지 않게 되었다. 이러한 경향을 세속화(Secularization)라고 한다. 종교의 세속화는 종교적 세계관을 상대화시키고 다원화를 조장하게 되었으며, 세속화가 진행됨에 따라서 과거에

129) Bryan R. Wilson, *Religion in Sociological Perspective*, Oxford University Press, 1982, p.163.

성직자나 교직자들이 누렸던 성스러운 지위나 특권이 일반화되었고, 또한 그들에 의해 수행되었던 교육이나 복지의 기능과 직무가 일반화되었다.

21세기에는 종교의 세속화가 심화되는 한편, 지난 세기보다 산업화, 도시화, 사회구조의 재편성이 더욱 급속히 진행될 것으로 예견하고 있다. 그에 따른 현대인의 새로운 욕구도 다양해질 것이다. 또한 인터넷 확산에 따른 사이버 공간의 출현과 함께 새로운 문제가 대두되고 있으며, 인류생존의 근원적인 문제인 생태계의 파괴나 환경오염이 날로 심각해지고 있다. 환경문제에 대한 관심은 정치, 경제, 사회, 예술, 종교 등 현대사회의 전 분야에서 고조되고 있다.

기성의 종교는 이와 같이 급격하게 변화해 가는 현실에 대하여 적응해야 할 과제를 많이 안고 있다. 불교나 그리스도교도 예외가 아니다. 그러나 종교가 이에 대하여 적극적인 대응을 하지 못한다면 종교는 무력하게 그 영향력을 상실하고 말 것이라고 전망한다. 종교사회학자인 브라이언 윌슨(B. R. Wilson)은 현대사회에 있어 종교는 외적인 모습뿐만 아니라 내적인 것까지도 쇄신해야 한다고 주장한다.[130)]

오늘의 현대사회는 다양한 종교 신념과 다양한 가치관이 공존하는 다원화된 사회이다. 21세기는 종교들 간의 경쟁이 불가피한 시대이다. 종교에 시장상황(market situation)이 출현한 사회가 되었다고 한다. 종교 소비자가 종교를 선택할 수 있는 상황이 되었다는 것이다. 종교전통은 소비자의 상품이 되는 시대로 진입한 것이다.

인간의 영혼이나 내세에 대한 입장이 오로지 종교의 문제로만 국한되지 않고, 오늘날에는 자연과학적인 해석도 이루어지고 있다. 근대과학에서는 영혼을 두뇌활동의 산물로 보고 신체활동과 유기적인

---

130) B.R. 윌슨,『현대의 종교변용』 전망사, 1984, 54-60쪽.

관계 속에서 일어나는 현상으로 보는 입장이다. 뇌과학의 발달과 유전자공학의 발달은 인간영혼에 대한 문제뿐만 아니라 종교교리 전반에 걸친 새로운 이해를 요구하고 있다. 현대사회의 종교문화는 근본적인 문제에 대한 새로운 이해를 요구하고 있다. 이와 같은 현대과학의 성과에 종교는 맞서기만 할 것이 아니라 과학적 성과를 포괄하는 은유와 상징의 지평을 넓혀가야 할 것이다.[131)]

따라서 오늘날 우리사회가 안고 있는 많은 문제들을 어느 한 종교만이 감당하여 해결하기 어려워졌다. 따라서 이 시대의 종교들은 독선과 편견으로부터 벗어나 관용적 태도[132)]로 서로 대화해야 할 필요성이 요청되고 있다. 어느 종교나 서로 포괄주의적 태도를 견지한 채로 만나고 있다면 그것은 진정한 의미에서 대화라고 하기 어렵다.[133)] 자신의 종교만이 절대적이고 유일한 진리를 지녔으며, 더 나아가 현대사회의 문제를 해결할 수 있는 열쇠를 가졌다는 신념에서 벗어나서, 이웃 종교의 가르침에 귀 기울일 때 오히려 자신의 종교의 가르침이 더 깊고 넓게 이해되고 현대사회의 문제에 대한 대답을 찾을 수

---

131) 최종석, 「21세기와 불교의 사회화」, 『천태학연구』 제5집, 263-264쪽.

132) 멘슁(G. Mensching)은 종교를 거룩한 참된 실재와의 체험적인 만남이며, 이 거룩한 것에 의해 규정되는 인간의 행위라고 정의하고 있다. 그는 여러 종교에서 체험된 거룩한 것과의 진정한 만남을 통하여 타종교와의 대화에서 일치점을 찾으려 한다. 즉 종교의 근본적인 체험을 통한 관용의 입장을 말하는 것이다. 참조: G. Mensching, *Toleranz und Wahrheit in der Religionsgeschichte,* München 1955, 18f.

133) 예를들면 가톨릭 신학자인 칼 라너에 의하면 하느님은 모든 인류를 구원하려는 보편적 의지를 갖고 있는데, 이 보편적 의지는 인간의 본성 속에 '초월적 계시'(transzendentale Offenbarung)로서 내재되어 있기 때문에 다른 종교에도 이러한 초자연적 은총이 있다고 보았다. 즉 라너는 하느님의 보편적 구원의 의지를 신약성서의 "하느님께서는 모든 사람이 구원을 받게 되고 진리를 알게 되기를 바라십니다" (1디모 2,4) 에 근거하고 있다. 그러므로 비록 그리스도의 가르침을 모르지만 초자연적인 신앙이 성취되고 있는 타종교인을 '익명의 그리스도인'(anonymen Christen)이라고 불렀다. 타종교인 속에도 하느님의 보편적 구원의 의지가 활동하고 있으며 또한 그들도 초자연적 은총체험을 하고 있다는 견해이다. 그러나 칼 라너는 그리스도교만을 구원의 완성이라고 보기 때문에 결국 포괄주의적인 입장에서 벗어나지 못하고 있다. 칼 라너 스스로가 밝힌 것처럼 '비그리스도인의 구원문제'를 신학적으로 규명한 것은 종교 간의 대화를 전제로 하였다기보다는 타종교 전통에 대한 그리스도인의 이해를 분명하게 하기 위함이라고 하였다. K. Rahner, *Bemerkungen zum Problem des anonymen Christen: Schriften zur Theologie,* X, Einsiedeln, 1972, 531ff. 포괄주의적 입장은 힌두교, 불교와 같은 인도계통의 종교도 전통적으로 취하고 있다. 불교의 방편설과 중국불교의 敎相判釋이 이러한 입장을 나타내고 있다.

있을 것이다. 이런 입장에서 불교의 해탈과 그리스도교의 구원이 이 시대의 우리에게 어떤 의미를 갖는지 살펴보기로 한다.

그리스도교 신앙의 목표는 구원에 있고 불교의 목표는 해탈에 있다. 그리스도교에서는 신의 은총으로 구원받고, 불교에서는 지혜를 통해 해탈하는 것이기에 구원과 해탈에 이르는 방법이 다르다. 그리스도교에서는 신의 은총을 구하는 것이 신앙의 핵심이 된다면 불교에서는 지혜를 얻는 수행이 중심이 된다. 그리스도교에서는 인류의 선조가 지은 원죄를 상속받고 있기 때문에 그 죄를 용서받아야만 구원된다. 불교에서 말하는 해탈이란 인간이 어리석어 세상의 참모습을 제대로 보지 못하고 계속 다람쥐 쳇바퀴 돌듯이 잘못을 반복하고(윤회) 있기 때문에 그것으로부터 벗어나 자유로워지는 것을 말하는 것이다.

그리스도교의 원죄는 욕심과 어리석음과 교만으로 지은 죄라고 할 수 있다. 여기에서 그 죄를 회개(metanoia)하고 은총을 받아 하느님의 나라(신의 차원에 동참)에 가는 것이나, 인간이 본래 갖고 있는 탐욕과 성내는 교만함과 어리석음의 속성을 지닌 무명(avidyā)을 깨고 지혜로워져서 대자유의 차원으로 해탈된다는 것은 그렇게 다른 것이 아니다. 결국 구원의 전제조건은 인간이 원죄를 갖고 있다는 것이고, 해탈의 전제조건은 인간이 무명하다는 것이다.

해탈(解脫, vimokṣa)이란 말은 멸(滅, nirodha), 열반(涅槃, nirvāṇa), 보리(菩提, bodhi) 등과 같이 불교의 궁극적 이상을 말하고 있다. 불교의 궁극적 목표가 '자유롭고 지혜롭고 진리롭게 사는 삶의 실현'[134]이라 했을 때, 우리를 결박하고 속박하는 번뇌 망상과 미혹함으로부터 벗어나야 할 것이다. 그것을 해탈이라 할 수 있다.

우리에게 주어진 주제는 불교에서의 해탈이 무엇이며, 그 해탈은

---

134) 이기영, 「해탈의 현대적 의미」, 『원효사상연구 II』, 한국불교연구원, 2001, 561쪽.

오늘날 어떻게 해석되어야 하고 어떤 의미를 갖는지 살펴보는 일이다. 다시 말하면 해탈과 구원을 초월적사건으로만 이해하지 말고 지금 이곳, 현세에서 어떻게 이루어져야 하는지 고민하자는 것이다. 일찍이 현대 불교학의 선구자인 이기영도 이 시대의 삶의 현실을 이렇게 진단하였다.

자신을 결박시키는 무명이 인간사회에 그 폐단을 미치고 더 나아가 자연에까지 치명적인 타격을 가하고 있으니, 이렇게 무명이 가져오는 결박을 탁악화(濁惡化)라고 하였다.[135] 탁(濁)은 찌꺼기를 뜻하는 것이고, 생명력을 잃은 것, 빛이 죽은 것이라고 했다. 그래서 중생이 죽어가고(衆生濁), 그 중생의 혼탁한 상황에서 번뇌가 치성하고(煩惱濁), 견해가 사악해져(見濁), 그 결과는 필연적으로 온 우주의 생명자체가 위협을 받고(命濁), 이 시대는 멸망으로 이끌어 간다(劫濁)고 하였다. 이것은 모두 인간들 자신의 자업자득의 결과라고 단언한다.[136] 이렇게 무명은 자신만을 속박하는 것이 아니라 거대한 생명계를 감옥으로 만든다고 보았다.

이러한 시대적 상황에 있어서 종교적 과제는 무엇보다도 인간과 생태의 문제를 의식화시키는 일이며, 그 의식화된 것을 어떻게 실천할 수 있는가 그 방향을 제시하는 일이라고 하겠다. 인간의 욕망에서 비롯된, 다시 말하면 인간의 무명으로 야기된 자업자득의 혼탁한 생명계의 문제는 과학적 해결을 위한 접근이나, 정치적, 사회적 접근을 넘어서 총체적으로 생명에 대한 자각과 인간의 사고의 변화를 도모해야 하는 종교적 접근이 이루어져야 할 것이다. 즉 종교적 문제로, 종교적 문화로 발전시켜, 인간성의 문제까지 포함한 생명운동으로 그 폭을 넓혀가야 할 것이다.[137] 이것이 이시대가 요구하는 불교적 해탈

135) 이기영, 위의 책, 567쪽.

136) 이기영, 위의 책. 568쪽.

과 그리스도교적 구원이라고 본다.

여기에서 이 시대의 문제를 풀어갈 수 있는 존재, 즉 불교의 현세적 해탈을 이루어가는 존재로서 보살을 제시한다. 보살은 대자유의 해탈을 얻고 그 자유를 다른 생명들에게 나누어주는 존재이다. 보살은 해탈을 사회적으로 실현시키는 존재이다. 이처럼 해탈하고 있으면서도 혼자만의 해탈을 유보하고 이웃과 함께 해탈하려는 보살은 이 시대의 절실한 인간상이다.

그리스도교에서 보살과 같은 존재를 의인(義人)에서 찾아보았다. 의인은 이 세상을 감옥이 아닌 하느님의 나라, 즉 '자유롭고 평화롭고 진리롭게 구원된 삶'으로 바꿀 수 있는 길로 인도하는 존재로 보았다. 그리스도교에서 하느님으로부터 구원되는 자는 의인(義人)이다. 의인은 회개한 사람이고 자신을 비운 자이다. 그래서 하느님과의 관계를 회복한 존재이다. 이 시대의 해탈과 구원의 사회적 의미를 밝히려면 바로 보살의 삶과 의인의 삶을 드러내는 데에 있다고 하겠다.

따라서 주제를 이끌어가기 위해서 먼저 불교에서는 세계를 어떻게 이해하고 있는지, 그리고 해탈과 구원의 전제조건이 되는 무명과 원죄는 무엇인지 살펴보고, 해탈하기 위해서 얻어야할 보살의 지혜인 공(空: Śūnyatā)과 구원된 의인의 케노시스(Kenosis: 空化)를 살펴볼 것이다.

보살의 생태적 실천이 공(空: Śūnyatā)에 기초한 무분별지를 통해서 이루어진다면, 의인의 생태적 삶은 욕망의 절제인 아스케제(Askese)의 실현에 있다. 이처럼 두 종교가 서로 함께 갖고 있는 공통점을 찾아내 공감하면서, 함께 인류를 해탈시키고 구원하기 위해서 노력하는 일이 바로 이 시대의 종교적 요청에 부응하는 길일 것이다.

---

137) 최종석, 「21세기환경문화와 불교」, 『생명연구』 제4집, 서강대 생명문화연구원, 381쪽.

## Ⅱ. 해탈과 구원의 전제조건, 무명과 원죄

### 1. 불교에서 바라보는 세계와 무명

불교는 외재적 실재인 신(神)이나 우주의 발생 원리와 같은 초월적인 진리에서 시작하지 않고 구체적으로 우리들이 인식할 수 있는 현실세계에 대한 관찰과 인식으로부터 출발하고 있다. 인식주체인 인간과 인식되어지는 대상이 만나는 곳을 일체(一切)라고 한다. 여기에서 일체(sarvam)는 우주전체를 가리키는 대명사로서 세계나 세간(loka)과 같은 개념이다. 인식주체인 육근(六根) 즉, 안(眼), 이(耳), 비(鼻), 설(舌), 신(身), 의(意)와 인식의 대상인 육경(六境) 즉, 색(色), 성(聲), 향(香), 미(味), 촉(觸), 법 (法)을 합한 것을 12처(處)라고 하는데 모든 우주만물은 이 12처에 '들어간다'는 것이다. 처(處 āyatana)란 '들어간다'는 뜻이다. 세계란 바로 인식주체와 인식대상의 만나는 곳이라고 본다. 이것은 불교의 세계관의 특징을 보여주는 교설이다. 세계, 즉 일체를 인간의 인식을 중심으로 하여 보고 있기에 현실적인 입장에서 인식되지 않는 것은 존재하지 않는 것으로 보고 있다. 따라서 인식범위를 넘어선 초월적인 실재에 대한 형이상학적인 논구는 일단 부정하고 있다. 불교의 세계관인 12처설(處說)은 인식론적 존재론의 입장이다. 인간이 존재하기 때문에 대상을 볼 수 있고, 소리를 들을 수 있고, 냄새를 맡을 수 있고, 맛을 볼 수 있고, 촉감을 느낄 수 있고, 생각할 수 있는 것이 아니라, 반대로 소리를 듣고, 냄새를 맡고, 맛을 보고, 촉감을 느끼고, 생각하기 때문에 존재하는 것으로 보는 것이 불교의 입장이다. 붓다는 이 세계의 실상을 고(苦 duḥkha)로 보았다. 붓다의 가르침의 궁극적인 목적인 해탈, 즉 인격의 완성이란 바로 고(苦)로부터의 해방을 뜻한다. 즉 붓다의 깨달음의 내용은 한마디로 고

(苦 duḥkha)의 원인을 바로 보고, 그 고(苦 duḥkha)로부터 벗어날 수 있는 방법을 제시한 것이다.

붓다는 이 세계가 갖는 속성을 세 가지로 말하였다. 모든 현상계의 존재는 영원하지 않고 끊임없이 변하고 있으며(無常), 따라서 모든 존재는 존재를 유지하려고 힘을 들이고 있으며(苦), 모든 것은 인연에 의해서 생겨난 것이기에 참다운 실체가 없다(無我)라고 하였다. 변하지 않는 실체가 없다는 무아(anātman)의 원리와 모든 것이 서로 의존하고 있기 때문에 자존적인 것이 없다는 연기(pratītyasamutpāda)의 원리는 불교의 근본적 교리라고 할 수 있다. 연기란 사물간의 의존적인 발생과 그 관계성을 말하는 것이다.

일체가 무상하고 연기에 의해 발생하기 때문에 우주적 힘인 브라만이나 하나 뿐인 유일신(唯一神)에 대한 관념은 불교적 관점에서 보면 궁극적으로 부적당한 것이다. 모든 사물은 관계적으로 발생하고 서로 의존적으로 共生하고 있으므로 영원하고 실체적인 자아가 없는 것인데도, 사람들은 영원과 불멸이라는 환상에 빠져 자아에 집착하기 때문에 괴로움을 받게 된다는 것이다. 즉 진리의 세계를 제대로 보지 못하고 현상의 차별적인 모습에만 집착함으로써 세상의 온갖 번뇌와 미망(迷妄)이 생긴다. 이처럼 인간의 모든 고통과 악은 세계의 진정한 모습인 '진여'를 올바로 보지 못하기 때문이고, '진여'를 올바로 보지 못하는 것은 인간의 욕망과 번뇌가 생겨나기 때문이다. 이 욕망과 번뇌의 근본적인 원인이 바로 '무명(無明)'이다. 이 무명은 탐욕과 성냄과 어리석음의 속성을 지녔다.

## 2. 그리스도교의 원죄

그리스도교 구원의 전제 조건인 "원죄(原罪)는 원조의 편에서 본다면 맨 처음 지은 죄, 인류 사회에 맨 첫 번에 생겨나서 인류를 더럽힌 죄라는 뜻이요, 그 후손의 편에서 본다면 사람이 이 세상에 태어날 때 타고나는 죄란 뜻이다. 그러므로 원죄는 원조가 하느님의 명령을 어김으로써 인간이 하느님의 은총을 잃고 하느님으로부터 등을 돌려 하늘나라에 들어가지 못하게 된 죄의 상태이다."[138] 이같이 죄로 말미암아 인간이 죄 중에 있게 되었고, 죽음이라는 한계를 지니게 되었다고 여겨왔다.[139]

원죄로 인하여 하느님과 결별하게 되었으며, 인간의 종말론적인 죽음의 원인은 어느 누구의 탓도 아닌 바로 '인간 자신'의 죄에 있다고 본다.[140] 이러한 원죄론은 신약성서 로마서 5, 12~21에 근거한다. 죽음은 아담 한 사람의 잘못으로 인해서 유전적으로 물려받은 결과가 아니라 모든 사람이 죄를 지은 결과라고 바오로는 말한다. 사람들은 아담처럼 신과의 약속을 깨는 죄를 여전히 짓고 있으며, 바로 이런 점에서 모든 사람은 아담과 연관되어 있다는 것이다. 이러한 맥락에서 보면 모든 사람은 아담과 '연대성'을 가지고 있다고 한다.[141] 즉 원죄(原罪)는 하느님과 인간 사이의 원초적 정의(正義), 조화의 상태를 상실하게 만든 것이라고 할 수 있다.[142]

히브리적 사고방식에서는 악이나 고통의 원인을 첫 번째의 죄에서부터 찾고자 하였다. 그들은 변화 속에서 본질적인 것을 설명할 때, 시간적으로 무엇이 처음 시작되었는지 찾으려 했다. 따라서 첫 번째 죄는 하느님으로부터가 아니라 자유로운 결단을 할 수 있는 인간으로부터 나왔음을 말하고자 하였던 것으로 이해할 수 있다. 이러한

138) 윤형중, 『상해 천주교 요리』 상, 가톨릭출판사, 1990, 134쪽.
139) 조규만, 『원죄론』, 가톨릭대학교출판부, 2000, 3-4쪽.
140) 조규만, 같은 책, 12-26쪽.
141) 조규만, 같은 책, 28-37쪽.
142) 조규만, 같은 책, 71쪽.

맥락에서 악이나 고통의 기원으로서의 원죄는 단지 처음 일어난 과거의 사건으로 마무리되는 것이 아니라, '현재성'을 지니며 끊임없이 일어나고 있는 '보편적' 사건으로 이해되는 것이다. 그래서 바오로가 궁극적으로 지향하고자 했던 것은 아담의 죄와 '죄의 연대성'으로 인한 죽음의 상황이 아니라, 끊임없이 베풀어지는 하느님의 구원행위라는 것이다. 원죄를 통한 하느님의 구원행위로의 희망이라고 표현할 수 있을 것이다. 무명이 깨달음의 전제조건인 것처럼 원죄는 하느님의 구원행위를 위한 전제조건이 된다고 할 수 있다.

### 3. 무명과 원죄는 무엇이 같고 무엇이 다른가?

불교의 무명(無明)과 그리스도교의 원죄(原罪)에 대해서 간단히 살펴보았다. 여기서 공통점과 차이점을 살펴보고자 한다.

첫째는 불교의 '깨달음'이나 그리스도교의 '구원'을 위해서는 무명이나 원죄가 필요하다는 것이다. 즉 '무명'이 있어야 '깨달음', '해탈'이 가능하며, '원죄'가 있어야 '구원'이 가능하다는 것이다. 바로 두 종교의 궁극적 목적인 구원이나 깨달음을 향한 출발점이 된다.

둘째는 무명이나 원죄가 모두 이 세상에 존재하는 고통이나 죽음, 악의 기원의 문제에 대한 물음에서 시작한다. 불교에서의 깨달음의 경지나 그리스도교에서 말하는 구원은 고통이나 악이 없는 상태라고 말할 수 있다. 그러나 지금 우리가 살아가고 있는 현실은 엄연히 악이 존재하며, 고통이나 죽음이 존재하는 현실이다. 그런 문제들이 어디에서 기인하는지 그 근원에 대하여 알고자 하는 물음이라는 점에서 공통점을 찾을 수 있다.

셋째는 그런 고통이나 죽음, 악의 기원으로서의 무명이나 원죄에 대한 이론이 부정적인 의미로만 제시되지 않는다는 점이다. 즉, 불교에서는 인간에게 무명이 있음을  바르게 인식하고 그 인식에서 출발하여 끊임없이 정진하면 깨달음(열반)의 경지에 이를 수 있다는 희망을 제시한다. 마찬가지로 그리스도교의 원죄 이론도 원죄로 인한 은총의 상실이 인간을 죽음과 고통의 길로 이끌었다는 것만 강조하기보다는, 그럼에도 불구하고 끊임없이 베푸는 하느님의 은총에 힘입어 구원의 길이 인간에게 열려져 있다는 것을 강조하고 있다. 즉, 무명과 원죄는 이 세상을 살아가는 인간들에게 깨달음과 구원의 희망을 제시하고자 하는 의도를 가지고 있다고 할 수 있다.

그러나 불교와 그리스도교는 분명히 서로 다른 종교이다. 위에서 무명과 원죄의 공통점을 찾아보았으나, 각각 다른 점도 확연하게 나타나고 있다.

첫째는 그리스도교의 '원죄'는 선악의 문제에 있어서 나쁜 것이지만, 불교의 '무명'은 좋거나 나쁨의 선악의 문제가 아니다. 그러기에 그리스도교에서는 악(惡)인 죄에서의 벗어남을 추구하는 것이 '구원'이지만, 불교에서는 우선 '무명'의 인식에서부터 '깨달음'이 시작되는 것이다.

둘째는 악이나 죄의 기원으로서 무명이나 원죄가 모든 인간에게 있는 것이지만, 불교에서 무명은 개인의 문제로서 제시되어지는 반면에 그리스도교는 원죄의 '연대성'에 대해서 언급한다.

셋째는 고통이나 죽음의 기원으로서의 무명과 원죄의 극복방안이 다르다. 우선 불교에서는 무명에서 벗어나 지혜를 얻어 깨달음을 이룰 수 있다고 하였다. 여기에서 그 깨달음의 주체는 처음부터 마지막까지 철저히 자기 자신이다. 자기 자신의 노력과 정진이 결국 깨달음의 경지, 즉 열반(涅槃), 해탈에 이르게 하는 것이다. 그러나 그리스도교에서의 원죄에 대한 인식은 결국 그리스도를 통한 하느님의 구원 은총으로 향하게 된다. 물론, 그리스도교에서도 개인의 노력이 간과

되는 것은 아니다. 그 구원은총이란 하느님의 계명(하느님 사랑과 이웃사랑) 실천과 깊은 연관을 맺고 있다. 그러므로 개인의 노력 또한 중요한 몫을 차지하겠으나 구원의 중심에는 나 자신이 아니라 '예수 그리스도'이다. 그리스도교에서의 은총은 인간 노력의 대가라기보다는 하느님의 선물인 것이다.

## Ⅲ. 보살의 공(空: Śūnyatā)과 의인의 케노시스(Kenosis: 空化)

무명을 깨고 일어선 자는 보살(Bodhisattva)이고, 원죄에서 벗어나 하느님과 관계를 회복하려고 스스로 비운 자는 의인(Dikaios, δίκαιος)이다. 이들은 각각 불교와 그리스도교에서 추구하는 해탈과 구원을 이룬 인간들이다. 보살과 의인은 이 시대의 문제를 해결하는 사회적 해탈자요 구원자이다. 따라서 보살은 어떤 존재이며, 보살이 깨달은 지혜인, 공(空: Śūnyatā)이 무엇인지 알아볼 필요가 있다. 또한 하느님의 은총으로 구원되는 의인(義人)은 성서에서 어떻게 나타나고 있는지, 원죄를 벗어던지고 의화되는 의인의 비움(Kenosis: 空化)은 어떤 의미인지 알아보아야 할 것이다.

### 1. 보살의 삶

대승불교를 실천하는 이상적인 인간상을 보살이라고 하는데, 이는 산스크리트 bodhisattva를 소리나는 대로 옮긴 보리살타(菩提薩埵)의 준말이다. 보디(bodhi)는 깨달음이란 뜻이고, 삿트바(sattva)는 살아있는 존재, 즉 중생이란 말이다. 보살에 대한 정의 중에서 가장 보편적으로 사용되는 것은 '깨달음을 구하는 중생'이다.[143] 그 외에도 '깨달음을 소유하는 유정(有情)'[144], '보리를 구하고 있는 유정으로서, 보리를 얻을 것이 확정되어 있는 유정'[145] 등이 있다.

부파불교 시대의 수행자들은 자신만의 깨달음에만 몰두하고 현학적인 교학에 빠져있었다. 덕분에 교학의 발전을 가져오기는 했지만, 이로써 불교는 현학적이고 번쇄한 학문으로 치닫는 결과를 초래하게 되었다. 당시의 출가승들이 추구하는 종교적 이상은 아라한(阿羅漢 arhat)이 되어 생사의 고해를 벗어나 열반을 증득하는 일이었다. 이러한 목적에 전념하고 있는 출가자들의 삶에 재가자들이 동참하기란 쉽지 않았다. 때문에 불교는 일반 민중과 거리가 먼 수행승들만의 종교, 학술상의 종교로 변질해 버려 대중적인 지지 기반을 잃고 있었다.

그러나 생로병사의 고통에서 벗어나 깨달음을 성취한 이후, 고통받는 이웃들에게 해탈과 구원의 밝은 목소리를 전하기 위해 일생동안 길에서 길로 중생들을 교화하다가 열반한 붓다 생존 당시의 정신으로 돌아가자는 운동이 재가자들을 중심으로 일기 시작했다. 대승불교를 추진했던 재가 신도들은 승원에서 자리적(自利的) 수도에만 몰두하던 출가 수행자와는 달리 일상적인 생활을 해나가면서 붓다에게 온 몸과 마음을 바쳐 귀의하고자 했다. 그 결과 재가 불자들은 붓다 전생 시절의 보살을 자신들의 이상형으로 삼아 보리심을 키워나갔다. 뿐만 아니라 그들은 붓다의 지혜를 배워 타인에게 봉사하고 구제하는 일에 전념하였다. 그래서 석가보살처럼 그들도 장차 성불하리라는 대승의 보살임을 자청하여 보살집단을 형성하게 된 것이다. 그들은 아라한들의 이상인 생사의 세계와 단절된 열반의 적멸(寂滅)보다는 계속되는 생사의 세계 한가운데서 이타적 삶의 실천을 통해 성불한

---

143) 平川彰·梶山雄一·高崎直道 編, 鄭承碩 譯,『大乘佛教概說』, 김영사, 1989, 117-130쪽.

144) 西義雄,『大承菩薩道の研究』, 平樂寺書店, 1968, 11-18쪽.

145) 干潟龍祥,『本生經類 の思想史的 研究』, 山喜房佛書林, 1978, 57쪽.

붓다 자신의 깨달음을 자신들이 추구해야 할 목표로 삼은 것이다.

즉 보살의 정신은 상구보리 하화중생(上求菩提 下化衆生)으로 문자 그대로 위로는 깨달음을 구하고 아래로는 중생을 교화한다는 것이다. 하나는 자신을 위하는 자리(自利)의 길이요, 다른 하나는 남을 위해 살아가는 이타(利他)의 길이다. 보살은 자비로써 중생의 삶에 동참한다. 그들의 고통과 아픔을 보살은 자신의 것으로 삼고 그들이 진 번뇌의 짐을 함께 지고 간다. 자비 때문에 보살은 생사의 세계로부터 단절을 가져오는 열반에 드는 것을 원하지 않고 스스로 중생의 길을 선택한다. 보살은 중생을 이익 되게 하기 위하여 스스로 번뇌를 선택하는 것이다.146)

대승불교의 보살도는 이타행의 원력에서 시작한다는 것이 자리위주의 소승불교의 수행과 다른 점이다. 여기에 보살수행의 덕목으로 육바라밀이 설해진다. 바라밀이란 범어 paramita의 음사로서 보통 저 언덕에 이른다는 뜻으로 번역된다. para는 저 언덕(彼岸)이란 뜻이고 mita는 도착된 상태를 뜻하는 말이다. 이 말은 동시에 최상의 상태가 되었다는 뜻과 모든 것이 완성되었다는 뜻이 함께 갖추어진 말이다. 그런데 이 바라밀을 실천할 수 있는 힘은 공(空 Śūnyatā)의 이치를 터득한 반야로부터 나온다. 이제 보살이 얻은 공에 대해서 간단히 알아보자.

### 2. 보살과 공(空: Śūnyatā)

공空은 산스크리트로 'śūnya' 혹은 'śūnyatā'이다. 번역하면 전자는

146) 길희성, 「예수,보살,자비의 하느님」, 『종교신학연구』 6집, 351쪽. 길희성은 보살사상의 형성과 보살의 힘, 보살이 되는 길, 보살의 다양한 모습들을 고찰하여 예수와의 본격적인 만남을 시도하였다. 이러한 불교와 그리스도교의 본격적인 만남의 시도를 통하여 두 종교는 서로 깊이 이해할 수 있고 긍정적인 자기 변혁을 할 수 있을 것이다.

'공(空), 무(無)한'이고 후자는 '공(空), 무(無)한 것', '공성(空性)'이라 함이 적절하다. 공의 일반적 의미는 무상, 무아라고 하는 불교의 기본적 교리인 '자성이 없는 것', '실체성을 결한 상태'를 의미한다.

공에는 이론적인 의미와 실천적인 의미가 있다. 먼저 이론적인 공은 무자성(無自性)이라 한다. 자기 스스로 고정된 본체나 성질인 고정성은 없다는 것이다. 모든 법에서 불사불멸의 실체라고 하는 것과 같이 고정된 것은 없기 때문이다. 고정되어 있다는 것은 다른 존재와 관계없이 홀로 독립되어 독자로 존재하는 것인데, 사회나 인생 모두가 타자와 관계없이 홀로 존재하는 절대적인 존재는 없다. 모든 것이 시간적으로나 공간적으로 타자와 관련되어 존재하는 상대적 존재인 것이다.

실천적 공에는 무소득(無所得) 무애(無碍)라고 하는 양면성이 있다. 무소득이란 집착이 없는 것이다. 무애란 장애나 걸림이 없는 자유자재한 상태를 말한다. 즉 무소득무집착(無所得無執着)이 진전되어 완성된 상태를 가리킨다. 이론적 공은 실천적 공을 얻기 위한 기초로 실천적 공을 체득하는 것을 목적으로 한다.147)

용수(龍樹 Nāgārjuna)는 초기 대승경전인 반야경의 가르침을 기본으로 '공(空)'의 이론을 체계적으로 규명하였다. 그는『중론(中論)』에서 반야사상이야말로 붓다가 설한 연기(緣起)와 중도(中道)사상을 직접 계승하는 것이라 생각하여 모든 사물의 공성을 깊이 연구하여 치밀한 이론으로 체계화하려 했다.

공사상은 오랜 시간을 가지고 발전해 왔다. 여기서는 용수의 공사상을 중심으로 정리를 하고자 한다.

용수의 논법은 일상적인 언어가 의미상에서 예상하기 쉬운 실체성이나 자성을 철저히 파괴하는 것으로서 조금이라도 실체적, 유적(有

147) 미즈노 고겐(水野弘元), 『불교용어 기초지식』, 석원연 역, 들꽃누리, 2002, 180-181쪽.

的)인 것을 인정하는 의견이 있으면 용서 없이 비판했다.

공의 개념은 언어나 관념에 의한 고정화를 일체 배제하는 작용을 가지며 사물에 대한 고정적인 판단에서 자유롭게 되는 것, 즉 중도의 도리로 이어지고 있다. 또한 실유라고 생각하여 집착하는 '나', '내 것'이라는 관념을 제거하여 '나', '내 것'에 대한 공을 실현할 때 열반에 들어갈 수 있다고 밝힌다.

모든 사물의 공성이라는 관점에서 아비달마 문헌의 자료를 분석한 결과들 가운데 하나는 존재의 여러 측면 사이에 있는 차별의 중요성을 부정하는 일이었다.[148] 그중 가장 중요한 것은 아마도 '독자적 존재성인 자성(自性)'과 '다른 존재성인 타성(他性)' 사이에 있는 차별에 대한 부정이었을 것이다. 논리적으로 볼 때 의존적으로 발생하는 존재들 속에는 '독자적인 존재'가 있을 수 없다는 것이다. 용수는 이를 바탕으로 '속박'과 '해탈'의 차이를 부정하고 '윤회'와 '열반'의 차이를 부정하고 있다.[149] 실체를 정의하는 특성들은 일상적 삶에 유익한 관습적 명칭 이상의 것을 나타내지 못한다. 용수가 차별성을 부정한 것은 붓다가 이론적인 사색들을 부정한 것과 관련이 있다. 차별성이란 '구분된 것'이 그것을 다른 것과 '구분하게 하는' 일종의 본질적인 실체를 가지고 있다는 것을 전제로 하기 때문에 무명과 갈애(渴愛)의 지멸에 도움이 되지 않는다고 주장한다.

용수는 초기 불교에서 인정되었던 인과 관계들이 오직 실용적이고 관습적인 측면에서만 진리일 수 있다고 생각하였다. '사물은 다른 사물에 의존해서 생성된다'고 보는 연기(緣起) 관념의 최종적인 결론인 동시에 가장 중요한 취지는 '제일원인'을 거부하는 것이다. '원인'은

---

148) 프레데릭 J. 스트렝, 『용수의 공사상 연구』, 남수영 역, 시공사, 1999, 53-71쪽.

149) "그런 관념들은 대립되는 본성을 가지는 어떤 실체에 의한 것이라고 말할 수 없다. 윤회와 열반의 구분이 실용적인 입장에서는 유익할지 몰라도, 그런 '사물들' 역시 우리의 명명 행위를 떠나서는 존재하지 않음을 망각하면 오히려 해로운 것이 될 것이다." 위의 책, 56쪽.

근본 원인으로 거슬러 올라가도록 하는 연쇄 반응의 관점으로 보아서는 안 되며 원인 자체가 조건적인 환경이나 조건들의 질서 정연한 유기적 집단으로 간주되어야 한다고 본다. 공성의 맥락에서 '의존적 상호 발생' 즉, 연기는 인과의 체계를 만들어 낼 수 있는 힘을 잃어버린다. 또, 모든 자기 충족적인 실체의 공성은 실재와 비실재, 원인과 결과 사이에 있는 관습적인 차이를 파괴한다. 그래서 마지막으로 '공한 실재'나 '공하지 않은 실재'가 생성되거나 파괴된다고 하는 것은 옳지 않다고 말하게 된다. 용수는 자기 충족적이고 '실체적인 원인'이란 불가능하며, 모든 사물의 공성을 올바르게 인식한다면, 심지어 그런 관념조차도 무의미하다고 주장한다.150)

지혜는 사람의 지성과 관계되지만, 개념적인 지식과 동일한 것은 아니다. 지혜의 참 기능은 마음과 감정에 의해서 허구적으로 만들어진 실체들에 대한 집착을 없애 주는 것이다. 마음이나 의식은 마음 밖에 있는 것처럼 보여진 '지식의 대상'과 무관하게 존재하는 것이 아니기 때문에 이런 기능이 가능하다. 지혜란 부분적으로는 '사물'에 대한 마음의 정신적이고 감정적인 집착을 없애 주는 집중행위이다. 왜냐하면 그것은 모든 '사물들'이 공임을 아는 자각이기 때문이다. 인간에게 '사물의 있는 그대로의 진실한 모습을 알도록 하는' 지혜는 종교적 관점에서 매우 중요하다. 왜냐하면 사람은 그가 아는 대로 '되기' 때문이다. 모든 사물의 공성에 대한 통찰이 착각을 부순다. 왜냐하면 그 착각은 지각이나 상상력에 의해 구분된 '사물'의 독자적인 존재성을 인정함으로써 생겨난 것이기 때문이다. 지혜는 현상 세계나

---

150) "정신적 차별이란 오직 관념의 허구일 뿐이며 '사물들에는 독자적인 특징이 없으며, 열반이나 윤회와 같은 관습적인 이분법 사이에는 실재적인 차이가 없다는 용수의 단언과 관련된 것으로 조건적 유위(有爲)이거나 '비조건적인 무위(無爲)' 현상들 속에 있는 진실한 실체의 부정과, 시간 속에 있는 연속적 순간들의 부정, 그리고 주관, 객관, 행위라는 세 가지 요소의 부정이 있다. 만약 이 모든 것들이 사실이라면, 진실한 실체들 없이는 진실한 원인도 있을 수 없을 것이다. 사건들의 사슬로 인식되는 인과 과정 그 자체는 단지 허구일 뿐이지만, 그것은 사람을 더 큰 어구에 붙들어 맬 정도로 강하다." 위의 책, 81-82쪽

관념의 영역에서 궁극적인 것으로 가정된 것에 대한 집착을 해체하는 수행이다. '공성'을 아는 것은 곧 공성을 구현하는 것이다.

이처럼 초기불교 이래로 전승되어온 근본적 관념들은 용수(龍樹 Nāgārjuna)에 와서 空(śūnyatā)관념으로 확립되어진다. 자아의 부정은 자성(svabhāva)의 부정으로 논리적 전개를 하게 되고, 다시 자성의 부정은 인간의 자아와 관계된 독립적인 실재의 부정뿐만 아니라, 존재나 실존의 내재적인 실체인 그 어떤 것도 부정되는 것이다. 이런 공의 논리는 모든 만물은 궁극적으로 존재하지 않는다는 존재론적 부정에 이른다. 여기에서 공성(śūnyatā)은 명사로서 또 다른 궁극적 실재를 상정하는 것이 아니고 객관적 존재자체를 부정함으로써, 집착을 벗어난 관점이라고 생각해 볼 수 있다.

그렇다면 불교에서는 무엇이 궁극적 실재, 즉 무아의 반대 개념인 영원한 진아(眞我)이며 그것은 과연 존재하는 것인가? 그것은 오로지 상의상관적 관계를 통해서 발견할 수 있는데, 이 관계성을 통하여 실재를 바라볼 수 있으며, 다시 이 관계성은 실재를 해방하게 한다. 여기에서 실재는 외형적인 현상(phenomena)일 뿐 어떤 '절대적인 실재' (Absolute Reality)를 뜻하는 것은 아니다. 이것을 다른 말로 바꾸면 '총체적인 구조'라고 지칭할 수 있을 것이다. 이 '총체적인 구조'는 종교적 우주론으로 해석해 볼 수 있다. 이러한 총체적인 구조 혹은 총체적인 사고는 이원론적 구조나 이원론적 사고를 초월하게 하는 길을 제시한다.[151]

여기에서 보살의 조건은 다음과 같이 살펴볼 수 있다. 첫째로 보리심은 자신의 전 존재와 삶의 목표를 깨달음에 두고 그리로 향해 나가려는 강한 의지가 있어야 한다. 이는 자기 자신만의 해탈을 위해서가

151) 최종석, 「연기와 공의 종교신학적 이해에 대한 고찰」, 『공과 연기의 현대적 조명』, 고려대장경연구소, 1999, 230-231쪽.

아니라 무지와 탐욕의 혼탁한 세계에서 끝없이 방황하며 고통당하는 일체 중생을 건져내어 함께 궁극적 행복을 얻기 위함이다. 둘째로 불이지(不二智)라고 하는 보살의 지혜가 필요하다. 이는 자타(自他), 보살과 중생, 번뇌와 깨달음, 생사와 열반, 차안과 피안이 둘이 아님을 아는 지혜이다. 즉, 모든 분별과 집착을 떠난 무분별의 지혜이다. 다시 말하면 일체의 상(相)을 떠나는 공(空)의 진리를 깨닫는 반야지(般若智)가 보살에게 있어야 한다. 이러한 불이지로, 무차별지로 보살이 현실세계에서 자비를 베풀되 모든 집착으로부터 자유로울 수 있고, 중도의 지혜를 지닌 존재가 되는 것이다. 이제 보살은 자비를 베풂이 없이 자비를 베풀며 중생을 제도함 없이 중생을 제도한다. 보살은 보살이 아님으로 진정한 보살이 된다.[152)]

현상계의 모든 존재가 인연에 의해 생겨났다는 것은 모두 공하다는 말이다. 그러나 이런 이론보다 더 중요한 것은 종교적으로 인간의 현실적인 괴로움을 해결하는 것이다.

### 3. 의인은 누구인가?

의인은 말 그대로 의로운 사람이다. 그리스도교에서는 하느님의 뜻에 따라 살았던 사람과 사는 사람을 말하고 있다.[153)] 성서에서 예수는 "나는 의인을 부르러 온 것이 아니라 죄인을 부르러 왔다."고 하였다. 의인은 죄인과 상반되는 개념이다. 죄인이 어떻게 의인으로 변화 될 수 있을까? 이 변화를 의화(義化)라고 한다. 의인(義人)에 해당하는 희랍어 δίκαιος는 δίκη(정의, 공의)라는 어근에서 나온 말로 법개념과 관련을 맺고 있다.[154)] 따라서 "의롭게 인정된다"고 하는 것은,

152) 길희성, 앞의 글, 351-353쪽.

153) 『그리스도교 대사전』, 대한그리스도도서회, 1987년 8판, 847쪽.

보통으로 소송 사건에서 상대방을 이기거나 자기의 정당한 권리를 관철하는 것을 의미한다. 즉, 자기 자신의 옳음을 분명히 하고 인정받는 것을 말한다.155)

70인역 성서에서 의인이란 하느님 및 신정 사회에 대한 의무들을 이행하는 사람이며 오직 하느님의 요구에 응할 때에만 하느님 앞에서 의로운 명분을 갖게 된다.156)

구약에서 의인으로 대표되는 욥은 인간이 하느님에게 호소할 수도 없으며, "그는 나와 같은 사람이 아니신데 나 어찌 그에게 말대답을 할 수 있으며 함께 재판정에 나가자고 주장할 수가 있겠는가?"(욥 9.32)하면서도, 자기가 의롭게 인정되는 것을 확신한다. 욥은 하느님과의 대결을 하나도 두려워하지 않는다. 하느님께서는 여기에서 한 사람의 의인과 싸우게 된다. 욥은 자신의 결백을 분명히 하고 하느님으로부터 의롭게 인정받고자 한다.157)

의화의 핵심적인 의미는 하느님의 은총으로 인간 안에 일어난 내면적인 변화이다.158) 신앙은 하느님의 말씀을 동의하고 받아들이는 것이지만, 이는 먼저 인간을 신앙에로 부르는 하느님의 은총 없이는 불가능하다. 여기에서 인간의 자유가 전적으로 소멸되는 것이 아니며 인간은 하느님의 은총에 협력한다는 것이다. 인간 안에서 실현되는 의화의 내용은 죄의 용서와 내면적 쇄신(로마 5:1-5)이라고 이해하고 있다.

신약에서의 의인은 바오로의 사상에서 잘 드러난다.159) 그러나 의

154) 게르하르트 킷텔 · 게르하르트 프리드리히, 『신약성서 신학사전』, 요단 출판사, 1986, 192쪽.

155) X. 레옹·뒤푸르 편, 『성서신학사전』, 광주가톨릭출판부, 1984, 474쪽.

156) 게르하르트 킷텔 · 게르하르트 프리드리히, 앞의 책, 192쪽.

154) X. 레옹 · 뒤푸르 편,『성서신학사전』, 광주가톨릭출판부, 1984, 474쪽.

158) 한국가톨릭대사전편찬위원회, 『한국가톨릭대사전 제 9권』, 한국교회사연구소, 2002, 6919쪽.

159) "내가 벌써 그것을 얻은 것도 아니고 이미 완정된 것도 아닙니다. 다만 내가 그리스도에게 사로잡혔으므로 나도 어떻게든 그것을 잡아 보려고 달음질하고 있습니다…."(필립 3.12-16)

인의 모범은 예수 그리스도이다. “예수 그리스도께서는 참 의인이며”(사도 3:14) “하느님께서 기대한 그대로의 인간”, “아버지이신 하느님의 마음에 드는 종이다”(이사 42:1, 마태 3:17)라고 하였다. 그는 모든 의를 완전히 수행하고  하느님에게 영광을 돌리기 위하여 죽었다. 그리하여 하느님의 위대함과 존엄이 그대로 세상에 드러나게 하였다고 본다. 예수 그리스도의 모습을 통해서 드러나는 의인이란 하느님 앞에 자신의 옳음을 주장하려 하지 않고 하느님의 뜻에 모든 것을 맡기고, 하느님을 그대로 드러내는 인간을 의미한다고 볼 수 있을 것이다. 이것은 예수의 자기비움(Kenosis)과 같은 의미이다. 의인은 자기비움을 통해 하느님의 구원에 참여(Engegement)하여 내적변화, 즉 의화 되는 것이다.

모든 사람은 자신의 구원을 위하여 하느님의 구원 은총에 전적으로 의지한다. 사람은 죄인으로서 하느님의 심판에 놓여 있으며, 구원을 얻기 위해 스스로 하느님께 향할 수도 없고, 하느님 앞에서 자신의 공로로 의화를 얻을 수도 없으며, 자신의 능력으로 구원에 이를 수도 없기 때문이다. 의화는 오로지 하느님의 은총으로만 이루어진다. 의화란 곧 구원을 의미하는 것이다.

하느님은 은총으로 죄를 용서하며, 동시에 죄의 구속력(拘束力)에서 인간을 해방시킨다.  죄인들이 그리스도 안에서 하느님의 구원 활동에 대한 믿음으로 의화 된다. 의화를 이루는 신앙으로 하느님의 약속을 신뢰하게 되는데, 이 신앙은 하느님에 대한 희망과 사랑을 지니고 있다고 한다. 의화란, 신앙 없이는 이루어질 수 없기 때문이다. 죄인들의 의화는 죄의 용서이다.

따라서 인간은 의화에 뒤따르는 선행을 하는데, 이것은 의화의 결실이다. 의화된 사람들이 그리스도 안에서 생활하고 그들이 받은 은총 안에서 활동하면, 성서의 용어로 좋은 열매를 맺는다. 그리스도인들은 전 생애에 걸쳐 죄를 거슬러 투쟁하기 때문에, 그들 또한 이런 의화의 결과를 성취하여야만 한다. 따라서 그리스도교의 의인은 자신의 구원만 성취하는 것이 아니라 의인의 모범인 그리스도처럼 타인을 위하여 목숨을 내놓을 만큼 사랑의 선행을 할 수 있는 것이다.

### 4. 의인의 의화(義化), 케노시스(Kenosis: 空化)

케노시스(κενώσις)는 약 1세기부터 그리스도교 신학에서도 일반적으로 육화와 동의어로 사용되었다. 이 용어는 그리스도의 비하(卑下), 또는 겸손을 강조하는 데 사용되었다. 이는 예수 그리스도의 비하와 관계되는 2고린 8:9[160]과 그의 영광에 관한 요한 17:5[161] 그리고 무엇보다도 필립보 2:6~8[162]에 그 근거를 두고 있다. 이 교리에 케노시스라는 이름을 붙이게 한 그리스어 동사는 필립보 2,7의 에케노센(ἐκενωσεν)인데, 이는 '자기를 비우다', '자신을 아무런 명성 없이 만들다'라는 뜻이다.[163] 케노시스란 어휘는 그리스도가 자신을 포기한 완벽함을 생생하게 나타내는 은유적 표현이다.

예수 그리스도의 생애는 하느님과 이웃을 위해 자신의 전체를 내어준 자기비움, 케노시스라고 이야기할 수 있다. 그의 생애를 통하여 그리스도의 케노시스는 하느님의 아들로서 지닌 신적인 특권의 자발적인 포기, 십자가상의 구원적 죽음 안에서 절정을 이룬 포기에 있다.

---

160) "여러분은 우리 주 예수 그리스도께서 얼마나 은혜로우신지 잘 알고 있습니다. 그분은 부요하셨지만 여러분을 위하여 가난하게 되셨습니다. 그분이 가난해지심으로서 여러분은 오히려 부요하게 되었습니다."

161) "아버지, 이제는 나의 영광을 드러내 주십시오. 세상이 있기 전에 아버지 곁에서 내가 누리던 그 영광을 아버지와 같이 누리게 하여 주십시오."

162) "그리스도 예수는 하느님과 본질이 같은 분이셨지만 굳이 하느님과 동등한 존재가 되려 하지 않으시고, 오히려 당신의 것을 다 내어놓고 종의 신분을 취하셔서 우리와 똑같은 인간이 되셨습니다. 당신은 자신을 낮추셔서 죽기까지, 아니 십자가에 달려서 죽기까지 순종하셨습니다."

163) James Hastings, *Encyclopaedia of Religion and Ethics, vol. 7*, 1981, pp 680-687. 성서백과대사전편찬위원회, 「케노시스」, 『성서백과대사전』 제11권, 성서교재간행사, 1981, 554쪽.

그는 자신의 지상생활 전반에 걸쳐 아버지 하느님의 뜻을 따라 살았고 그 뜻을 십자가의 죽음에서 전적으로 이루었다.

예수는 자신의 생명을 잃을 때, 하느님의 생명으로 자신이 채워짐을 보여주었다. 하느님에 대한 전적인 순명 그리고 종으로서 하느님의 뜻에 봉사하는 가운데 하느님 자신이 예수 안에서 현존하였고 예수 안에 하느님 자신이 드러났다는 것이다.

의인의 모델이 바로 예수라면 의인은 예수처럼 자신을 비우는 겸손과 자기부정을 통해 더 큰 긍정을 성취할 수 있다고 할 수 있다.

여기서 그리스도는 하느님과 동일한 신적(神的) 본능을 지녔으나 신적인 지위를 포기하고 종으로 자신을 낮추었다. 그렇게 그리스도는 하느님의 모습 안에서 자신을 비웠으며 죽음에 이르기까지 순종으로 자신을 비웠음을 보여준다.[164] 이러한 그리스도의 자기 비움은 십자가에서의 죽음으로 완성된다고 한다. 이 완성은 인간 예수의 자기 비움과 하느님의 자기비움이 일치하는 것에서 찾는다. 예수의 하느님에게 자신을 바침으로서 예수의 완전 무화(無化)가 이루어지고 그의 인격은 존재하지 않게 되며 인간을 위한 하느님의 사랑이 완성되는 것으로 본다.[165] 의인은 예수처럼 자신의 완전 무화를 통해 구원되는 존재이다.

### 5. 보살과 의인의 비교

불교의 보살과 그리스도교의 의인은 비슷한 점을 많이 가지고 있지만 그러나 동시에 많은 차이점도 가지고 있다. 불교의 보살은 구도자로서의 모습을 보이며 깨달음을 추구하고 있다. 그리스도교의 의인

---

164) 아베 마사오(阿部正雄), 『선과 현대신학』(변선환 엮음), 대원정사, 1996, 85쪽.

165) 심상태, 『그리스도와 구원, 전환기의 신앙이해』, 성바오로출판사, 1988, 88-92쪽 참조.

은 하느님과의 관계성 안에서 의화 된다. 보살과 의인의 비교를 표로 만들어 보면 다음과 같다.

| | 보살(菩薩:Bodhisattva) | 의인(義人:Dikaios, δικαιος) |
|---|---|---|
| 정 의 | 깨달음을 구하는 사람. 공(空:Śūnyatā)의 지혜를 얻은 존재 | 하느님의 뜻에 따라 의화된 사람. 자신을 비운 (Kenosis: 空化) 존재 |
| 주 체 | 수행하는 자기 자신 | 하느님의 은총 |
| 수행과 실천 | * 자아적 측면<br>-지혜를 바탕으로 한 계속적인 수행으로 깨달음<br>* 이타적, 사회적 측면<br>-중생 구제의 자비 | * 자아적 측면<br>-계속적인 자기 비움과 회개의 노력으로 의화됨<br>* 이타적, 사회적 측면<br>-타인을 향한 선행의 사랑 |
| 상이점 | 1. 수행적인 측면(붓다가 되기 위한 깨달음의 상향적 수행)이 강조된다.<br>2. 수행목적은 깨달음인 동시에 중생 구제에 있다. | 1. 신앙적인 측면(신의 하향적 은총)이 강조된다.<br>2. 회개의 목적은 은총 상태의 회복과 구원에 있다. |
| 공통점 | 1. 이상적 인간상으로서 끊임없는 수행과 회개가 요구되고 있다.<br>2. 자기 자신의 구원(성불)만이 아니라 이웃들의 구원에도 힘써야 한다. (사랑의 이중계명과 상구보리 하화중생)<br>3. 불이지(不二智)의 공(空)과 자기 비움<br>4. 자비(중생과 자신을 구분하지 않는)와 사랑(원수까지 사랑하는 예수의 마음)<br>5. 붓다와 예수를 모범으로 하여 뒤 따라가는 존재<br>6. 보살서원의 회향과 의인의 선행 | |

## Ⅳ. 보살의 무분별지와 의인의 Askese, 그 생태적 해탈과 구원

이 시대에 있어서 가장 중요하고 시급한 것은 생태계의 위기를 해결하는 일이다. 이제 보살은 무분별지의 지혜로 의인은 자기 비움을 통한 자기절제(Askese)로 이 문제를 풀어야 할 것이다. 정작 이 시대의 구원과 해탈의 의미는 죽음 다음 세계에 관한 것이 아니고 우리가 숨쉬고 마시고 발을 딛고 사는 이 땅에서의 실현에 있다.

『지구 환경 보고서』에서 말하는 것처럼 환경문제는 국지적인 차원에서 해결해야 할 문제가 아니라 전 지구적인 관심으로 대두되고 있다. 그런데 문제의 심각성은 우리의 당면과제가 그리 먼 미래의 일이 아니라 한 세대 내지 두 세대의 시간밖에 없다는 분석을 통해서 더 확연하게 들어 난다.

이런 분석의 징후를 미래 학자들은 다음 몇 가지로 열거하고 있다.[166]

1) 급격한 인구증가에 따른 자원부족과 식량부족과 물 부족으로 심각한 사회적·생물학적 안정성은 깨어질 것이다.

2) 심각한 지구 화학적 변화가 일어나고 있다. 어떤 오염물질은 생태계의 중요한 조절 기능을 하는 지구화학적 순환구조를 바꿔놓고 있다. 그 대표적인 예는 탄소순환이다. 이는 화석연료의 연소로 대기에 방출되는데, 이는 전체 생태계 질서에 큰 영향을 주고 대표적으로 산성비로 나타날 수 있다.

3) 독성 화학물질로 인해 장기적 위험이 나타나고 있다. 각종 화학물질 생산과 유독 폐기물 발생은 생태계와 우리 몸에 피해를 주고 있다.

4) 전 세계적으로 전례가 없었던 생물 혼합이 일어나고 있다. 이는 전 세계의 다양한 생태계가 침략적인 소수의 생물체에 점령되는 위기를 가져온다.

5) 전 세계 생물종의 숫자가 급격히 줄어들고 있다

이러한 위기의식 안에서 자연개발에 대한 논리는 더 이상 정당성을 갖지 못하게 되었다. 자연은 더 이상 인간이 소비하는 대상이 아니라 그 자체로서 존재 가치를 인정하고, 지금 현재에만 가치를 두는

166) 월드워치, 『지구환경보고서 2003』(생태사회연구소 공역), 도요새, 2003, 27-29쪽.

것이 아니라 미래의 전 생명에게도 그 가치를 가져야 한다는 논리가 힘을 얻고 있다.

그렇다면 이 시대의 종교문화는 어떤 가치나 윤리를 제시해야 할 것인가? 이 시대의 종교가 가장 큰 관심을 갖는 문제가 바로 환경과 생태라면, 환경과 생태에 종교적 의미를 부여하고 또 그 의미를 강화시켜 종교문화화 하는 것이 무엇보다도 중요하다. 환경과 생태에 종교적 의미를 부여하고 그것을 종교적 이상(理想)으로 승화시키는 것이다. 동시에 다시 그 이상을 현실적으로 실천할 수 있는 구체적인 방법을 제시해야 한다. 인간의 욕망에서 비롯된 생태위기는 근원적으로 인간의 욕망의 절제에서 그 해결의 실마리를 찾아야 한다. 21세기 생태의식의 혁명은 결국 인간중심의 문화적 차원을 넘어선 종교 문화적 차원으로 승화되어져야 할 것이다.[167]

### 1. 보살의 무분별지 수행

인간 중심적인 관점에서 바라보는 환경에 대한 시각은 기본적으로 인간의 생존을 위한 전략이 숨겨져 있다. 자연환경이 훼손된 것은 인간이 생존하기 위해서 필요한 여건을 향상시키는 과정에서 야기된 부작용이라고 본다. 이런 관점은 인간이 세계의 중심적인 존재라는 가치관에 기초를 두고 있다. 이 관점에 따르면 앞으로 더 나은 인간의 생존을 위해서 사람들로 하여금 자연환경의 중요성을 각성하게 하여, 자연환경 파괴적인 생산 및 소비를 지양하게 하며 또한 환경 친화적인 기술과 산업을 개발해 가야 한다고 한다. 이런 관점은 한편 매우 타당한 논리로 보인다.

그러나 자연환경을 인간을 위한 도구적 가치로 대상화하여, 인간의

167) 최종석,「21세기환경문화와 불교」,『생명연구』,제4집,서강대 생명문화연구원,381쪽.

생존을 위한다는 명분아래 파괴시킨다면 장기적인 안목에서 보면 오히려 인간의 생존이 위협을 받게 되는 것은 자명한 일이다.[168] 이러한 인간 중심적 윤리(ethics of anthropocentrism)는 인간만이 절대적 내재적 가치를 지니고 그 밖의 모든 존재들은 인간을 위한 도구적, 수단적, 다시 말해서 외재적 가치만을 지닌다는 견해이다.

한편 인간을 비롯한 모든 자연물이 동등한 내재적 가치를 지닌다고 보며, 인간을 포함한 모든 자연물이 자연 그대로서 최선의 가치를 지니고 있다는 것이다. 이런 사고는 더 나아가 모든 생명체에 본연의 생명가치를 부여해야 한다는 생명 중심주의로 발전된다.[169]

불교의 연기론에서는 모든 존재를 평등하게 바라본다. 나를 둘러싼 모든 존재를 중생이라고 부른다. 중생의 개념이 초기 경전에서는 유정(有情) 즉 생명체를 의미하다가 대승경전인 『화엄경』에서는 생명현상이 없는 무정(無情) 즉 무생명체까지도 포함하게 된다. 따라서 "모든 중생은 붓다의 성품인 불성을 지니고 있다(一切衆生悉有佛性)"란 말은 붓다로 성불할 수 있는 범위가 인간을 넘어 모든 생명으로, 다시 생명체에서 모든 무생명체로 확대 되어간다. 이것은 전존재를 평등하게 보는 불교의 생태관의 일면이다.

여기에서 모든 중생이 하나이고 구별되지 않아야 한다는 동체대비(同體大悲)의 불교적 생태윤리관을 『범망경』[170]에서 찾아볼 수 있다.

이러한 통찰은 세계와 내가 같은 뿌리에서 나온 것(物我同根)이라는 점을 알게 한다. 즉 모든 중생과 나는 서로 뗄 수 없는 자타불이(自他不二)의 관계성 안에서 존재한다는 것을 깨닫게 된다. 이렇게

---

168) 장회익, 『삶과 온생명』, 솔, 1998, 270-271쪽.

169) 장회익, 위의 책, 272-273쪽.

170) "모든 흙과 물은 모두 나의 옛 몸이고 모든 불과 바람은 모두 다 나의 진실한 본체이다. 그러기에 늘 방생하고 세세생생 생명을 받아 항상 머무는 법으로 다른 사람도 방생하게 해야 한다. 만일 세상 사람이 축생을 죽이려 하는 것을 보았을 때에 마땅히 방법을 강구하여 보호하고 그 괴로움으로부터 풀어주어야 한다." 『梵網經盧舍那佛說菩薩心地品』 卷10下 (大正藏 24, p.1006 中).

나를 둘러싸고 있는 모든 존재가 나와 뗄 수 없는 관계라는 것을 깨달은 것을 무분별의 지혜라고 한다. 그리고 이 지혜의 실천을 자비라고 한다. 자비는 불교의 생태윤리의 기본이다. 이 자비의 무분별적인 생태윤리는 인간 중심적 사고에서 야기된 지구환경의 문제를 해결하고, 모든 생명체들이 공존 공생해야 하는 21세기의 시대적 가치로 받아들여져야 할 종교적 윤리라고 할 수 있다.

보살이 가는 길로서 "上求菩提 下化衆生"을 내세운다. '깨달음을 얻는 길이란 곧 자신을 둘러싸고 있는 모든 존재와 하나로 일치하는 삶을 사는 것이다'라고 해석해 본다. 여기에서 모든 존재 즉 중생이란 살아있는 것이든 아니면 생명이 없는 것이든 간에 우리와 함께 존재하고 살아가고 있는 것을 의미하는 만큼 생태란 말로 바꾸어 말할 수 있다. 우리가 쓰고 있는 '생태'라는 말은 사실 '중생'이란 말과 다를 것이 없다. '일체중생실유불성'이란 말을 '일체생태실유불성'이라고 바꾸어 놓아도 크게 어긋나지 않는다. 더 나아가 이웃이라는 개념의 외연을 넓혀서 중생과 같은 의미로 사용하는 것도 크게 잘못이 없을 것 같다.

따라서 대승보살의 이상(理想)은 현대사회가 요청하는 생태적 가치관과 생태적 인간관을 제시한다. 대승보살은 세계의 모든 현상이 자신과 관계를 맺고 있음을 깨달은 존재이다. 모든 사물이 자신과 관계되지 않은 것이 없음을 알고, 자신을 둘러싸고 있는 이웃, 즉 생물과 무생물에까지 사랑을 보낸다. 이와 같은 지혜의 실천에서 오는 끝없는 사랑이 자비(maitri-karuṅa)이다. 자비는 불교의 인간관계에서 요구되는 기본윤리이고 더 나아가서 모든 존재 사이에 기본이 되는 생태윤리이다. 현대의 자본주의 사회가 만들어낸 인간성의 상실과 가치관의 전도, 개인주의의 피폐에 대한 근본적인 치유는 인간성의 회복에 있다. 인간성의 회복은 불교의 연기법에 따른, 모든 삼라만상이 자신과 유기체적으로 관계를 맺고 있음을 자각하는 데서 시작된다.

불교의 목표인 해탈은 바로 나와 이웃이 동일체라는 것을 깨닫고 무한한 자비를 실천함으로써 이루어진다. 이웃에 대한 사랑이 곧 나 자신을 완성하는 길이라는 것을 알고 온 세계를 빈곤과 무지와 괴로움이 없는 이상 세계, 즉 생태적으로 온전한 불국토로 만들려고 노력하는 것이 대승 보살적인 삶인 것이다. 이를 다시 말해서 생태보살[171]의 길이라고 불러도 좋을 것이다.

그렇다면 어떻게 보살은 자신과 더불어 관계를 맺고 있는 존재들과 일치하는 지혜로운 삶을 살아갈 수 있는 것인가? 보살이 이웃과 더불어 사는 삶을 완성하게 하는 길이 여섯 가지로 제시되고 있는데 그것이 바로 보시, 인욕, 지계, 정진, 선정, 지혜의 육바라밀이다. 보통 육바라밀은 피안에 도달하게 하는 수단으로 취급되어왔으나, 바라밀(Pāramitā)의 뜻이 완성인 것으로 보아 육바라밀은 여섯 가지 완성되어져야 할 보살의 삶의 양식을 말하는 것이다.

보살이 완성해야 할 삶의 양식(樣式)으로서 보시(布施)는 '준다'는 말이다. 무엇을 준다는 것은 나에게만 머물지 않고 흘러가게 하는 것이다. 왜냐하면 나는 나 홀로 살 수 있는 존재가 아니고 다른 존재들과의 관계 속에서만 살아갈 수 있다는 것을 여실하게 알기 때문에 나에게만 머물러 있지 않고 때가 되면 흘러갈 수 있도록 열어주는 것이 바로 보시라고 말할 수 있다. 보시는 마치 흐르는 물이 한 곳에만 머물지 않는 것처럼, 모든 관계들이 살 수 있도록 흘러가게 하는 생명의 원리인 것이다. 보시를 통해서 모든 존재와의 연대감과 일체감을 느낄 수 있다. 현대인이 갖고 있는 박탈감이나 소외감을 극복하는

171) 필자는 2000년에 「21세기환경문화와 불교」 글에서 불교의 생태적 실천의 주체를 환경보살이라는 이름으로 부르자고 한 바 있으나, 환경개념보다는 그 외연이 넓은 생태개념이 불교의 생태적 실천에 적합하다는 생각에서 환경보살을 생태보살로 고쳐 부르기로 하였음.

'더불어 사는 삶'은 바로 보시를 통하여 구현 가능하게 될 수 있다.

인간의 욕망을 소유의 방향으로만 투사시킬 것이 아니라, 더불어 함께 존재하고 있는 모든 존재를 향해 열려 있는 삶으로 지향하는 보살은 자신의 욕망을 절제해야 하는데 이 욕망의 절제를 생태보살이 가야할 두 번째 삶의 양식인 인욕(忍辱)이라 할 수 있으며, 이렇게 자신과 전존재가 하나의 유기체적으로 연계되어 있음을 알고, 이 대전제 앞에서 자신을 극소화시키는 삶을 지킬 줄 아는 것을 지계(持戒)라고 할 수 있다. 정진(精進)은 이러한 생태적 균형 잡힌 삶을 영위하기 위해서 생태보살은 쉼 없이 노력해야 함을 의미하며, 이러한 노력으로 생태보살은 마침내 모든 존재와 원만한 관계성을 회복하여 평화로운 삶의 환경을 유지하는 것을 선정(禪定)이라 할 것이다. 이와 같은 다섯 가지 생태보살의 완성되어져야 할 삶의 양식은 모두 모든 존재가 나와 뗄 수 없는 관계성 속에 존재한다는 사실을 깨달은 지혜(智慧)를 바탕으로 하고 있다. 이 시대의 해탈은 바로 생태보살의 무분별적인 생태적 실천에 있다.

## 2. 의인의 삶, Askese의 생태적 실천

그리스도교의 의인의 수행의 개념으로서 Askese[172]를 제시해 본다. Askese는 절제, 자기수련, 자기훈련, 금욕, 수덕, 노력, 수고, 포기 등 다의적으로 사용되는 개념으로서, 끊임없는 자기부정과 자기포기 그리고 자기절제를 통한 하느님과의 일치를 이루기 위한 수행의 의미

172) 그리스도교의 수행의 뜻인 Askese의 어원은 본래 그리스어의 ἄσχησις, askesis(연습, 생활지혜)에서 비롯되며, "윤리적인 그리고 종교적인 이상을 실현하기 위한 강한 절욕적인 그리고 인종적(忍從的)인 삶의 방법" 혹은 "탐욕을 줄이고 삶에서 오는 무거운 짐을 극복하기 위한 속죄의 훈련"이란 뜻을 지닌다. James *Hastings, Encyclopaedia of Religion and Ethics, vol.* 2, 1981, pp 63-80. Gehard Krause, *Theologische Realenzyklopädie, Band IV,* 1979, S.195-225.

를 지닌다. 하느님의 부름을 내적으로 의화시킨 의인은 자기를 비운 존재이다. 자기비움의 수행은 곧 자기부정과 자기포기의 Askese 실천과 다르지 않다.

프리드리히 불프(Friedrich Wulf)는 Askese를 "그리스도교적 완전성에 도달하고자 하는 인간적 노력의 모든 행위들", 그리고 "투쟁과 포기가 함께 하는 지속적이고 질서 지워진 노력"으로 정의하였다. 여기에서 포기란 그리스도교적인 삶에서 "완전성"에 도달하기 위한 노력으로 이해되고 있다.[173] 칼 라너는 그리스도교적 Askese의 유형을 인간의 다양한 노력들 사이에 조화를 이루려는 윤리적 Askese와 다양한 종교 전통 안에서 종교의식에 참여할 수 있는 전제조건으로서의 절제와 포기의 의미를 지닌 종교 의식적 Askese 그리고 신적 체험을 가능케 하는 다양한 종류의 절제인 신비적 Askese 로 나누어 보았다.[174]

그리스도교적인 Askese의 근원에는 이원론적인 인간관이 자리 잡고 있다. 육체는 약한 것, 감옥, 무덤으로 보아 투쟁하여 극복해 가야 할 것이며, 마침내 괴멸시켜야 할 것으로 보았다. 그래서 금욕주의적 훈련의 Askese는 육체는 약한 면을 극복할 뿐만 아니라 육체 자체를 이겨 나가는 과정으로 여겼다.

신약성서에서 Askese는 그리스도인의 투쟁과 훈련의 의미를 지니고 있다(1고린 9:24~27, 필립 3:31~14, 2디모 4:7~8). 이것들은 그리스도를 닮으려는 노력으로서 죄, 육체, 세상을 극복함을 뜻한다.

11세기 이래로 예수의 인간성에 대한 관심이 커지면서 당연히 Askese에 대한 생각에도 변화를 가져왔다. 성 프란치스꼬의 Askese는 이 세상을 벗어난 성덕의 완전함을 구하는 것이 아니라 지상에서 예

173) Josef Weismayer, *Leben in Füller, Zur Geschichte und Theologie christlicher Spiritualität,* Innsbruck 1983(전헌호 역, 『넉넉함 가운데서의 삶』 분도 출판사), 1996, 288쪽.

174) 위의 책, 289-290쪽.

수 그리스도가 행한 것을 뒤따라가는 것이다. '가난한 예수' 모범 삼아 이웃사랑을 구체적으로 실천 하는 것이었다.

리페르트의 Askese에 대한 새로운 해석과 통찰은 현대 신학에 있어서 그 이해의 지평을 넓히게 하였다. 그는 Askese의 자기포기적인 성서적 표현은 오늘날 자기 자신을 찾고, 자신을 실현해야 한다는 요청과 대치된다는 문제를 출발점으로 삼는다. 서로 모순되게 보이는 이 양자의 관계가 사실은, 서로 목적과 방법의 관계로 존재한다는 것이다. 즉 구원과 참된 삶의 의미에서 자신을 찾고 실현하려는 것은 목적이고, 이 목적에 도달하기 위한 방법은 자기 자신을 부정하는 것이다.[175]

현대 신학자 중에서 잊혀져 가는 Askese의 개념을 중요시여긴 사람은 로마노 과르디니(Romano Guardini)이다. 그는 그리스도교의 Askese를 인간학적, 교육학적, 윤리학적, 문화비평학적 바탕에서 고찰하고 있다.[176] 과르디니는 Askese를 통하여 궁극적으로 얻을 것을 모든 것으로부터의 자유로 보았다. 인간은 자기 자신 안에 들어 있는 각 종류의 본능적인 욕구들과 권력욕, 외부에서 다가오는 수많은 유혹들을 조절하여 자기 자신의 참된 주인이 되어야 한다고 했다.[177] 인간이 자기 자신의 주인이 되고 자신을 진정으로 자유롭게 하는 것은 자기 절제, 즉 Askese를 통하여 이루어질 수 있다는 점을 강조한 것이다. 이 시대의 생태문제에 대한 그리스도교적 해결은 바로 Askese의 생태적 실천에 있으며, 그것이 이 시대의 구원의 문을 여는 열쇠이다.

여기에서 의인과 Kenosis 그리고 Askese의 상관문제는 그리스도교 신학자의 과제로 남겨두기로 한다. 우리가 알고 싶은 것은 그리스도

175) 위의 책304-305쪽.

176) Reinhard Haubenthaler, *Askese und Freuheit bei Romano Guardini*, Parderborn, 1995, S. 5.

177) Romano Guardini, *Sorge um den Menschen, Bd. I*, Mainz, 1988, S. 55f.

교에서 의화되어 구원받는 의인의 자기비움은 욕망의 절제인 Askese와 일치한다는 것이다. 따라서 오늘날 이 시대의 상황에서 요구되는 생태적 구원의 단초는 바로 욕망의 절제인 Askese의 생태적 실천에 있다.

## V. 끝맺는 말

붓다는 모든 존재가 생명이 있는 유기체처럼 서로 뗄 수 없는 불이(不二)의 관계라는 점을 연기의 가르침으로 일깨워 주었다. 이렇게 모든 존재가 뗄 수 없는 관계 속에 있음을 자각하고 모든 존재들을 향한 무차별의 사랑은 바로 자비이다. 모든 존재는 차별되어지거나 함부로 취급될 수 없으며, 모두 존중되어야 한다는 무차별의 가르침은 생명 사이의 상호연관성을 일깨우면서 모든 존재들의 공존의 길을 알려주었다.

이러한 연기설의 가르침은 대승불교에서 더욱 폭넓게 확장된다. 우리 모두가 부처가 될 수 있는 불성(佛性)을 지니고 있다. 뿐만 아니라 기왓장이나 지푸라기 같은 무생물에 이르기까지 불성이 있다고 가르친다. 이런 가르침으로 현대사회에서 가장 절실히 요구되고 있는 인간과 인간, 인간과 자연, 인간과 온 우주가 하나의 유기체적인 관련성 속에 존재하고 있다는 의식을 불러일으키는 것이다. 연기법은 존재와 존재 사이의 조화와 공존을 가능케 하는 원리이다.

결국 불교적 구원인 해탈은 인간 개인에 국한된 구원이 아니다. 왜냐하면 모든 존재는 서로 유기체적으로 관계를 맺고 있기 때문이다. 따라서 이 시대에 있어서 더욱 요구되는 불교의 해탈의 의미는 세계의 모든 현상이 자신과 관계를 맺고 있음을 깨달음에 있다. 모든 사물이 자신과 관계되지 않은 것이 없음을 알고, 자신을 둘러싸고 있는 이웃, 즉 생물과 무생물에까지 사랑을 보내는 인간이 이 시대의 사회적 해탈을 이루는 자이다. 이런 해탈의 모델이 보살이다.

여기에서 우리가 보살을 모델로 하여 살 때, 모든 중생(존재)과 함께 고통을 나눌 수 있는 자비(compassion)를 회복할 수 있을 것이며, 인격의 우주적 확산으로의 길을 가능하게 할 것이다.

이 시대의 불자들의 모델은 생태보살이다. 얽히고 또 얽힌 중중무진의 관계를 맺고 있는 것처럼 모든 생명 무생명들이 이와 같은 관계 속에 있다는 것을 아는 것이다. 다시 말해서 중중무진의 이웃을 끊임없이 사랑하는 일이 바로 깨달음의 길이다. 이 사랑의 구체적인 표현이 생태보살의 실천이고 수행이다.

자연환경문제나 인간환경의 문제는 인간 욕망의 극대화 과정에서 일어난 것이다. 따라서 이 문제는 근원적으로 인간의 문제로 귀결된다. 환경문제는 결국 인간의 문제이다. 때문에 21세기의 환경문화에 대한 접근은 종교적으로 이루어져, 결국 종교문화로 바뀔 때 보다 근본적인 해결책이 나올 것이다. 생태보살은 자연환경 회복에만 원(願)을 세운 보살이 아니라, 인간 환경의 회복에도 원을 세운 보살이다. 생태보살의 수행, 즉 생태보살도가 각개인의 일상에서 이루질 때 청정불국토가 완성되는 것이다. 결국 불성의 회복을 해탈로 보는 여래장사상이나, 이 세상을 극락으로 만들자는 정토불교의 차방정토 실현의지나 모두 이 시대가 요청하는 불교해탈의 생태적 해석을 통하여 그 해탈의 사회적 의미를 찾아야 할 것이다. 다시 말하면 이 시대에 있어서 요구되는 불교의 사회적 해탈은 보살처럼 공(空: Śūnyatā)에 기초한 생태적 무분별지의 실천을 통해서 이루어지는 것이다. 이는 곧 모든 존재는 나와 같은 뿌리(物我同根)를 이루고 있고, 그 모든 존재와 나는 뗄 수 없는 관계(自他不二)에 있기 때문에, 모든 존재를 향한 무차별의 사랑을 내 몸에게 하듯이 하는(同體大悲) 것이 바로 이 시대의 생태적 해탈의 실천이요 완성이라고 할 수 있다.

그리스도교에서 보살과 같은 존재는 의인(義人)이다. 의인은 회개하여 자신을 비운(Kenosis) 자이며, 인간이 바로 신의 모상(Imago Dei)임을 깨달아 원죄로부터 해방되어 신의 창조 사업에 동참하는 존재이다. 그러므로 의인은 하느님과의 관계를 회복해서 구원된 존재이다. 의인은 신약성서의 "하나님의 온전하심같이 너희도 온전하게 되라"(마5:48)는 말씀대로 끊임없이 자력(自力)으로 자기비움을 이룬 존재이다. 이 시대에 있어서 그리스도교의 사회적 구원은 자기비움을 통해 의화된 의인처럼 욕망의 절제인 아스케제(Askese)를 실천하는 생태적 삶에 있다고 할 수 있다.

이와 같이 두 종교는 서로의 공통점을 찾아 공감하면서, 함께 인류의 해탈과 구원을 위해 노력하는 일이 이 시대의 종교적 요청에 부응하는 것이라고 할 수 있다.

〈논찬〉

# 보살과 의인의 만남 - 생태적 해탈/구원을 위하여

구미정(숭실대 기독교학과)

## Ⅰ. 들어가는 말

우리 교회는 요즘 하늘날 예배 시작 전 30분을 『반야심경』 공부에 떼어놓고 있다. 부처님 오신 날이 머지않은 시점에서 대대적으로 온 교우가 이웃종교 마실을 나갈 야심찬 계획이 있기도 하거니와, 설령 그 사이 어떤 변수가 생겨 계획에 차질이 온다 하더라도 이웃종교의 핵심 가르침 정도는 알아두는 것이 예의일 것 같아 시작한 일이다.

누구 혹은 무엇에 대한 예의인가? 언뜻 생각하면 불교인 및 불교에 대한 예의인 것 같지만, 사실상 곰곰 따져보면 그것은 그리스도인으로서 나 자신과 그리스도교 자체에 대한 예의라고 해야 맞을 것이다. 막스 뮬러(Max Müller)도 말했다지 않은가? 하나의 종교만 아는 사람은 아무 종교도 모른다고. 결국 이웃종교에 대해 알고 이웃종교인과 사귀며 또 이를 통해 서로 배움과 서로 변화됨의 기회를 얻는 일은 더불어 사는 세상에서 소통과 연대의 미덕을 함양하기 위해 너무도 긴요한 체험이라 하겠다.

이러한 차에 최종석 교수의 논문을 만난 논찬자의 마음은 그야말로 가문 땅에 단비를 만난 듯 반갑고 기쁘기 그지없다. 우리 식(그리스도교적) 표현대로 하면, '여호와 이레'(여호와께서 준비하신다)라고 고백하련다. 우리 교회가 하고 있는 공부를 격려하고 밀어주기 위해 어떤 우주적 기운이 때마침 좋은 선물을 보내준 것처럼 여겨진다.

헌데 논찬자의 직분이란 발제자의 글에 흠뻑 젖어 마냥 좋아라 할 수 없는 고약한 십자가의 고통을 떠안는 것이 아닌가? 예수가 왜 십자가를 앞에 두고 '할 수만 있다면 이 잔을 내게서 지나가게 하소서' 탄원했는지 알만하다. 그러나 이미 맺어진 인연, 피할 수 없다면 기꺼이 받아들이되, 한 가지 사실은 스스로에게 분명히 다짐해 두어야겠다. 그것은 바로 한 편의 논문이 저자의 생각을 다 담고 있다거나 한두 번 글을 읽는 것으로 그의 생각을 전부 다 안다고 생각하는 것은 오만을 넘어 착각이자 폭력이라는 사실이다. 따라서 논찬자는 '오직 모를 뿐!'이라는 숭산 스님의 가르침을 되새기는 한편, 대화의 물꼬를 트기 위해 부족하나마 스스로 이해한 수준에서 몇 가지 질문을 던져 보고자 한다.

## Ⅱ. 논문의 요지

최교수의 논문은 크게 보아, 그 제목에 정확히 암시되어 있듯이, 생태 위기라는 우리 시대의 난제를 풀기 위해 불교와 그리스도교가 각각 어떠한 해탈관 및 구원관을 제시하는가, 달리 말하면 생태 위기의 맥락에서 기존의 불교적 해탈과 그리스도교적 구원의 의미가 각각 어떻게 재해석되고 있으며 또 되어야 하는가를 참구한 것이다.

이 화두를 풀기 위해 그는 해탈과 구원의 전제조건으로서 무명(無明)과 원죄(原罪)를 비교 설명하고, 해탈(한)자 혹은 구원(받은)자로서 보살과 의인의 의미를 밝힌 뒤, 보살의 보살됨의 핵심인 공(空, Sunyata)과 의인의 의인됨의 핵심인 자기비움(kenosis)에 대한 풀이를 거쳐, 보살의 무분별지(無分別智)와 의인의 자기수련(Askese)에서 생태적 실천의 단서를 찾는 것으로 글을 맺는다.

단언컨대, 이러한 문제제기는 매우 시기적절한 것이며, 해법을 제시하기 위해 더듬어간 과정 역시 정교해서 설득력이 있다고 본다. 소위 종교간 대화는 진공상태에서 이루어질 수 없고, 각 종교가 말하고자 하는 핵심 요지가 담긴 열쇠말을 살피는 것이 풍성한 결실을 얻는데 한결 도움이 되는 바, 발제자가 '무명-해탈-공-무분별지'와 '원죄-구원-자기비움-자기수련' 등 각각 불교와 그리스도교의 중심 개념에 기대어 논지를 전개한 것은 대단히 훌륭한 방편이라 생각된다.

발제자는 우선 불교의 목표는 해탈에 있고, 그리스도교의 목표는 구원에 있는데, 그것에 이르는 혹은 그것을 얻는 방법이 다르다고 한다. 이를테면 불교에서는 수행을 통해 해탈에 이르며, 그리스도교에서는 신의 은총에 의해 구원을 얻게 된다는 것이다. 그런데 해탈이든 구원이든 이루어지려면 그것의 전제조건 혹은 상태가 있어야 한다. 그래서 무명과 원죄를 이야기하게 되는데, 발제자에 따르면, 무명이란 인간이 삼독(三毒, 貪瞋痴)에 물들어 진여(眞如, tathata)를 올바로 보지 못하는 상태인 반면, 원죄란 "원조가 하느님의 명령을 어김으로써 인간이 하느님의 은총을 잃고 하느님으로부터 등을 돌려 하늘나라에 들어가지 못하게 된 죄"의 상태를 가리킨다고 한다. 특히 그리스도교에서 원죄가 유전되고 상속된다고 보는 까닭은 모든 인간이 "아담처럼 신과의 약속을 깨는 죄를 여전히 짓고" 있기 때문이다. 이런 점에서 아담과 "죄의 연대성"을 지닌 인간은 그럼에도 불구하고 "끊임없이 베풀어지는 하느님의 구원행위"를 희망할 수 있다고 하는 것이 그리스도교의 중심 가르침이라는 것이다.

발제자는 친절하게도 무명과 원죄의 공통점과 차이점을 일목요연하게 정리해준다. 우선 공통점으로는, 첫째, 불교의 해탈이나 그리스도교의 구원 모두가 그 전제조건으로서 각각 무명과 원죄를 상정한다. 둘째, 무명이나 원죄는 이 세상에 존재하는 고통, 죽음, 악의 기원의 문제에 대한 물음을 함축한다. 셋째, 그런 고통, 죽음, 악의 기원으로서의 무명이나 원죄에 대한 이론은 부정적인 의미가 아니라 희망적인 의미로 제시된다.

여기서 각 항목별로 제시된 공통점들은 정확히 말하면 내용상의 공통점보다는 형식상의 공통점이라고 해야 맞다. 그래서 발제자는 '내용상의' 차이점을 논하는 순서로 나가는데, 그 첫째가 바로 해탈 혹은 구원의 방법이다. 가령, 불교에서는 무명을 인식하는 깨달음에서 해탈이 이루어지고, 그리스도교에서는 죄에서 벗어나는 데서 구원을 얻게 된다. 요컨대 불교는 무명을 선악의 문제로 가름하지 않지만, 그리스도교에서는 원죄를 악으로 판단한다는 것이다. 둘째로, 불교가 말하는 무명은 개인의 문제인 반면에, 그리스도교가 말하는 원죄는 모든 인간의 문제인 점에서 차이가 있다. 셋째로, 불교는 무명을 깨달아 불성(佛性)을 이루는 주체를 철저히 자기 자신으로 제시하지만, 그리스도교는 그리스도를 통한 하느님의 은총을 강조한다. 물론 여기서 개인의 노력이 간과되지는 않으나, 구원의 중심에는 나 자신이 아니라 예수 그리스도가 놓여 있다는 점에서 불교와 다르다.

(대승)불교에서 무명을 깨고 일어선 자를 보살(Bodhisattva)이라 한다면, 그리스도교에서는 원죄로부터 벗어나 하느님과의 관계를 회복한 자를 의인(Dikaios)이라 한다. 보살은 "상구보리 하화중생"(上求菩提 下化衆生)의 대의를 품고 끊임없이 자리이타행(自利利他行)을 수행하는 사람이다. "자비 때문에 보살은 생사의 세계로부터 단절을 가져오는 열반에 드는 것을 원하지 않고 스스로 중생의 길을 선택한

다.” 이러한 보살수행의 덕목으로 육바라밀이 설해지는데, 이를 실천할 수 있는 힘은 공(空)의 이치를 터득한 반야의 지혜에서 나온다. 이론적인 의미의 공은 무자성(無自性), 즉 자기 스스로 고정된 본체나 실체가 없다는 뜻이다. 모든 사물이 공함을 안다는 것은 “사물의 있는 그대로의 진실한 모습을 알도록 하는” 지혜를 득하였다는 것이다. 지혜는 “현상세계나 관념의 영역에서 궁극적인 것으로 가정된 것에 대한 집착을 해체하는 수행”으로서, 공성을 알 때 비로소 공성을 구현하게 된다고 한다. 다시 말하면 일체의 상을 떠나는 공의 진리를 깨달은 보살은 불이지(不二智/不異智)로써 자비를 베푸는 데까지 나아간다.

한편, 그리스도교에서 말하는 의인은 죄인의 상반 개념으로서, 죄인이 의인으로 변화되는 ‘의화’(義化)는 순전히 하느님의 은총에 근거한다는 점이 그 특징이다. 발제자는 구약성서에 나오는 욥과 신약성서에 나오는 예수를 들어 의인이란 어떤 사람인가를 설명한다. 욥의 경우 “자신의 결백을 분명히 하고 하느님으로부터 의롭게 인정받고자” 몸부림친 것에 비해, 예수는 “하느님 앞에 자신의 옳음을 주장하려 하지 않고 하느님의 뜻에 모든 것을 맡기고, 하느님을 그대로 드러”낸 십자가의 죽음을 통해 “완전 무화(無化)”에 이른다. 이렇게 철저한 예수의 “자기비움”(kenosis)이야말로 의인됨의 참 의미라는 것이다.

발제자는 보살과 의인의 차이점과 공통점 역시 도표로 제시하여 우리의 이해를 돕고 있는데, 결국 보살이든 의인이든 자기 자신의 해탈/구원만이 아니라 중생/이웃을 향한 자비/사랑을 드러내는 삶으로 나아간다는 점에 방점을 찍고 있다. 특히 보살과 의인이 자비와 사랑을 베풀어야할 중생 혹은 이웃의 범위가 자연에까지 그 외연을 넓히지 않으면 안 되는 이 시대에는 보살의 무분별지적 생태실천과 의인의 생태적 자기수련이 더욱 요구된다는 제언이다. 이는 오늘의 생태

위기의 근본 원인이 인간의 탐욕에 기인한다는 관찰에서 비롯된 것으로, 그 해결의 실마리 역시 욕망의 절제에 있어야 한다는 신념을 반영하는 바, 논찬자 역시 이 점에서 두 종교의 지혜가 도움이 되기를 간절히 바란다.

## Ⅲ. 몇 가지 질문 혹은 의견

나누고 자르는 데 익숙한, 분열증과 자폐증에 걸린 현대인에게 가장 어려운 일은 어쩌면 '대화'하는 일일 것이다. 진정한 대화는 말 너머에 있는 뜻과 얼을 헤아려 관계의 상호 변혁까지 이끌어내는 것일진대, 현대인에게 대화란 대체로 독백이어서 결국 말싸움으로 끝나기 일쑤다. 우스갯소리로 명절 같은 때 온가족이 만나 서로 대화하는 자리에서 가급적 피해야할 주제가 정치와 종교라고 한다. 이 주제만 도마 위에 오르면 얼굴 붉히고 갈라지는 일이 왕왕 있기 때문이다. 그만큼 아무리 대화한들 자신의 최초의 신념을 바꾸기 어려운 게 바로 그 부분인 것 같다.

그렇기 때문에 발제자의 논문은 그 시도만으로도 치하 받아 마땅하다고 생각한다. 앞으로 이와 같은 논문이 많이 나와 종교간 대화의 주제가 더욱 다양해지고 그 폭이 더욱 넓어지기를 기대한다. 마치 두 줄기 강물이 서로 몸을 섞음으로써 강에 깃들어 사는 생물들과 강 주변에 모여 사는 생물들의 생태가 풍요롭게 변화해가듯이, 종교간 대화도 그렇게 이 땅의 종교문화를 풍성하게 가다듬어 생명평화의 꽃을 피우는 데 기여하기를 소망해 본다. 그런 점에서 논찬자로 하여금 앞으로 이 분야에 더욱 관심을 기울이도록 자극한 최교수의 초대에 기쁘게 응하며 감사드리는 바이다.

이제 논찬자로서 십자가를 져야 할 시간이 되었다. 시간의 제약상 논찬자가 논문을 충분히 음미하거나 글쓴이의 뜻을 오해하지 않기 위해 사전에 되묻는 과정이 생략된 점을 아쉽게 생각하면서, 몇 가지 떠오르는 생각들을 모아 보려고 한다.

첫째로, 발제자는 크게 보아 불교와 기독교를, 쉽고 흔한 표현에 기대면, 자력구원(수행)과 타력구원(신의 은총)으로 나누어 설명하고 있는 듯한 인상이 강한데, 과연 두 종교가 그렇게 확연히 대별될 수 있느냐 하는 점이다. "이와 같은 도식적 이해는 역사적 사실에도 부합하지 않으며 두 종교에 대한 정확한 이해를 가로막는다."(길희성, 『보살예수』, 241)는 길희성 교수의 말에 동감하면서, 논찬자는 이 부분에 대한 발제자의 의견을 더 청해 듣고 싶다. 논찬자의 생각으로는, 불교가 강조하는 깨달음이란 노력한다고 얻어질 수 있는 성취물이 아니라는 점에서, 그리스도교가 말하는 일종의 신비요 은총으로 파악하는 것이 그르다 말할 수 없지 않은가 하는 것이다. 또한 그리스도교 신학의 틀에서도 타력구원의 교리적 근거인 '대속론'에 대한 해석이 분분한 실정이고(송기득, 『신학비평』, 10호, 3-27 참고), '나'(眞我)의 발견이 없이는 아무리 골백번 출가를 하여도 아버지를 만날 수 없다는 예수의 선언(요 14:4-6 참고)을 기억한다면, 그리스도교의 구원론을 타력구원으로 고정화하는 것은 변화하는 신학의 현실에 맞지 않는다는 생각이다.

둘째로, 발제자는 불교적 해탈과 그리스도교적 구원의 전제조건으로서 무명과 원죄를 각각 상정하고, 무명의 깨침과 원죄로부터 벗어남을 해탈과 구원으로 설명하는데, 이러한 구도가 형식상으로는 별 무리가 없지만, 내용 면에서는 좀 더 깊은 성찰이 요구됨을 지적하고 싶다. 불교가 말하는 깨달음은 무명이 있다는 것을 아는 것이 아니라, 무명마저도 없다(無無明)는 것이 아닌가? 이는 예수가 문둥병에 걸린 사람에게 죄를 묻지 않은 것과 일맥상통하는 점이다. 예수는 세리와 창녀 혹은 각양 중병에 걸린 민중을 향해 죄를 추궁하지 않으셨을 뿐만 아니라 한 번도 원죄를 입에 올리지 않았다. 그리스도교가 말하는 원죄란 어디까지나 교리적으로 고안된 것으로서, 성서 혹은 예수의 가르침의 본뜻과 무관하다고 할 수 있다. 성서가 원죄의 기원으로서 증언하는 선악과 사건은 사실상 선악을 가르는 분별지가 이기심과 탐욕에서 나온다는 점을 꼬집는 것이지, 그 자체가 죄악임을 말하려는 것은 아니다(구미정, 『한글자로 신학하기』, 54-56 참고). 같은 맥락에서 그리스도교가 말하는 구원이란 선악의 이원론이나 선악을 실체화하는 마음의 습관을 버리고, 선악에 대한 판단 자체가 신적 경지에서는 무화되는 것을 깨닫는 것이라고 할 수 있다. 성서적 표현대로 하면 이것이야말로 에덴의 회복이라 할 것이다.

셋째로, 발제자는 중생이 해탈, 곧 공의 진리를 깨달은 보살이 되기 위해서는 "자타, 보살과 중생, 번뇌와 깨달음, 생사와 열반, 차안과 피안이 둘이 아님을 아는" 반야의 지혜가 필요하다고 지적하는 한편, 그리스도교적 의미의 구원, 곧 신의 은총에 힘입어 의인이 되기 위해서는 예수가 그의 생애를 통해 보여준 자기비움을 구현해야 한다고 말한다. 그러나 이  때의 자기비움이 구체적으로 무엇을 의미하며 또한 어떻게 가능한지에 대해서는 함구하고 있어, 이 부분에 대한 설명이 좀 더 필요하다고 본다. 논찬자의 짧은 생각으로는, 예수의 자기비움은 일체의 분별지를 내려놓는 반야지와 별반 다를 게 없어 보인다. 선한 사마리아인의 비유처럼 예수가 하느님 나라를 설하기 위해 든 수많은 비유들은 율법의 잣대로 의인과 죄인, 정과 부정을 가르는 데 길들여진 유대교 기득권자들을 책망하는 동시에, 강도 만난 자와 자신을 동일시함으로써 우리 가운데 '가장 작은 자'가 곧 예수라고 하는 불이지를 강조한다고 생각한다. 심지어 생태신학과 같은 최근 신학의 동향에서는 이 '가장 작은 자'의 범주를 자연과 동일시하여 병들어 죽어가는 지구를 하느님의 몸으로 이미지화하는 과감한 은유까지 나오고 있는 실정이고 보면(Sallie McFague, *The Body of God* 참고), 예수의 자기비움을 불이지의 구현으로 풀이해도 무방하다고 본다.

넷째로, 발제자는 생태불교와 생태기독교를 위한 실천적 지침으로 보살의 무분별지에 의거한 자비행과 의인의 자기수련을 제시한다. 논찬자는 특히 이 부분에서 '일체중생 실유불성'을 '일체생태 실유불성'으로 바꿀 수 있다는 발제자의 제안과 이 시대 불자의 모델로 '생태보살'을 제시하는 그의 발상에 신선한 감동을 받았다. 그러나 생태보살의 그리스도교적 대비 개념인 생태의인에 대한 설명이 상대적으로 부족한 점은 대단히 아쉽고 서운하게 느껴진다. 기왕에 말이 나온 김에 발제자가 선호하는 '의인'이라는 용어에 대해서도 한번 짚어볼 필요가 있지 않나 싶다. 이 용어가 구약의 전통만이 아니라 신약의 바울사상에 충실한 개념이어서 선택되었으리라는 점은 충분히 이해가 가지만, 예수의 경우 의인이라기보다는 그저 참사람이고 (그렇기에) 참하느님이었다는 점에서, 차라리 '그리스도인'으로 표현하는 것이 무난하지 않은가 생각해 본다. 요컨대 불교가 이 시대에 가장 적합한 보살상으로 '생태보살'을 내세운다면, 기독교는 '생태그리스도인'(혹은 '녹색신앙인')을 강조한다고 말하는 편이 더 자연스럽게 여겨진다.

논찬자는 또 하나, 육바라밀을 생태실천과 연관 지어 설명한 발제자의 시도에서 큰 매력을 느꼈다. 그러나 너무 간단하게 언급하고 지나간 것이 못내 아쉽다. 아울러 발제자는 그리스도교의 수행의 개념으로 자기수련(Askese)을 제시하는데, 절제 혹은 금욕이나 수덕 등 다양하게 표현될 수 있는 이 개념이 구체적으로 어떻게 생태적 실천과 연관되는지에 대한 상세한 언급이 없어, 아쉽게 생각된다. 소비자본주의가 기승을 부리는 이 때 그리스도교의 자기수련 개념은 여러 가지로 유용한 살림의 지혜를 가르쳐줄 것이다. 기회가 허락되는 대로 이 부분에 대한 좀 더 확장된 논문이 나오기를 기대해 본다.

## Ⅳ. 나가는 말

간디 가라사대, "문명이란 말의 진실된 의미는 욕구를 계속 늘려가는 것이 아니라, 사려 깊게 자발적으로 우리의 욕구를 줄이는 것"이라고 했다. 이제야말로 야만과 광기, 혹은 폭력과 죽임의 문명을 넘어, 간디가 말한 대로 도덕적·영적 자원 위에 참문명의 토대를 새로이 정초해야 시점에서, 불교와 그리스도교의 지속적인 대화가 하나의 밑거름이 되기를 소망한다. 이 일을 위해 귀한 논문으로 생각의 물꼬를 터주신 발제자의 노고에 진심으로 감사드린다.

끝으로 논찬자는 산과 들과 바다가 나뉠 수 없는 것처럼, 사실상 길이든 진리든 생명이든 나뉠 수 없다는 것을 깨닫게 해주는 시 한 수를 소개하는 것으로 글을 맺고자 한다. '도다리'라는 제목의 시에서 시인은 나누고 자르는 데 길들여진 우리네 자화상을 고발하고 있다. 좌/우 명확히 선을 그어 둘로 나누는 버릇이 지독하게 배인 우리네 종교와 정치와 교육 현실에 대고 호통을 친다. 보수 우익만 길러내는 종교와 정치와 교육이 미워, 눈이 오른쪽에 몰려 있는 '도다리의 몸뚱이를 산 채로 뜯어 먹는' 시인의 몸짓이 자못 진지하면서도 통쾌하다. 우리는 언제쯤 통(通)의 세계에 오롯이 들어앉을 수 있을 것인지.

일찍부터 우리는 믿어 왔다
우리가 하느님과 비슷하거나
하느님이 우리를 닮았으리라고

말하고 싶은 입과 가리고 싶은 성기의
왼쪽과 오른쪽 또는 오른쪽과 왼쪽에
눈과 귀와 팔과 다리를 하나씩 나누어 가진
우리는 언제나 왼쪽과 오른쪽을 견주어
저울과 바퀴를 만들고 벽을 쌓았다

나누지 않고는 견딜 수 없이
자유롭게 널려진 산과 들과 바다를
오른쪽과 왼쪽으로 나누고

우리의 몸과 똑같은 모양으로
인형과 훈장과 무기를 만들고
우리의 머리를 흉내내어
교회와 관청과 학교를 세웠다
마침내는 소리와 빛과 별까지도
왼쪽과 오른쪽으로 나누고

이제는 우리의 머리와 몸을 나누는 수밖에 없어
생선회를 안주삼아 술을 마신다
우리의 모습이 너무나 낯설어
온몸을 푸들푸들 떨고 있는
도다리의 몸뚱이를 산 채로 뜯어 먹으며
묘하게도 두 눈이 오른쪽에 몰려 붙었다고 웃지만

아직도 우리는 모르고 있다

오른쪽과 왼쪽 또는 왼쪽과 오른쪽으로
결코 나눌 수 없는
도다리가 도대체 무엇을 닮았는지를

- 김광규, "도다리를 먹으며", 『우리를 적시는 마지막 꿈』(문학과 지성사, 1979).

〈소개〉

# (사)한국교수불자연합회

한국교수불자연합회는 1988년 2월 27일 교수불자 상호 간의 우의 증진과 신행활동, 불교발전을 위한  연구와 부처님의 가르침을 통한 사회 봉사활동을 목표로 창립되었다. 이러한 서원을 실현하기 위해 교불련은 학술대회, 수련대회, 성지순례 등을 통해 끊임없이 정진하여 왔다. 또한 보살도를 실천하기 위해 다른 단체와의 연대와 지원을 통한 통일, 인권, 환경, 사회정의 운동에 동참해 왔다.

현재 55개 대학에 1,500여명의 회원이 활동하고 있다. 한국교수불자연합회의 역대 회장은 다음과 같다: 고준환(초대) 한상범(2-4대), 오상환(5대), 유종민(6대), 조희영(7대),이 준(8대), 연기영(9-10대), 김용표(11-12대).

교불련은 자기 수행은 물론 불교와 제학문과의 학제적 연구를 통하여 이 시대을 위한 불법의 실천방향을 제시, 대학및 지역 사회 포교, 재가 불자 교육 등의 활동을 통하여 불교와 이 사회에  희망의 빛을 던져주는 공동체로 성장해나가고 있다. 2002년부터는 매년 많은 회원들이 한마음 한뜻으로 만해 한용운 선사의 얼이 담긴 설악산 백담사에서 교수불자대회를 개최하여 오고 있다. 또한 2003년에는 동아시아 교수불자대회를 개최하였고, 2004년에는 아시아를 비롯하여 세계 여러나라의 교수불자들과의 네트워크를 강화해 나가고 있다.

2000년 들어서 주요활동은 다음과 같다. 2000년(불기 2544년) 교불련 논집 7집 발간 「21세기 한국불교의 과제와 전망」, 8월 11일-19성 선종 학술대회 및 중국불교 성지순례(추계학술대회겸)중국 강서성 남창시 우민사. 2001년(불기 2545년) 5월 12일 부처님 오신 날 기념 학술대회「한국 불교의 불교교육」,제6회 성지순례 - 인도. 2001 추계학술대회(조계종 총무원1층) 「한국의 미래와 청소년 정책의 과제」 2002년(불기 2546년) 제7회 성지순례 - 일본 시코쿠. 2002 한국교수불자대회(어울림과 나눔의 세상). (사)한국교수불자연합회 법인설립 -문광부 허가 제383호 2003년(불기 2547년). 3월1일 (사)한국교수불자연합회 회장단 취임.(10 대 연기영 회장 취임). 2003년 제1회 동아시아교수불자대회 겸 제2회 한국교수불자대회 (어울림과 나눔의 세상-동아시아 문화와 불교). 2004년(불기 2548년) 세계교수불자대회(어울림과 나눔의 세상-대화문명시대의 아시아 문화와 종교). 2005년(불기 2549년) 3월1일 제11대 한국교수불자연합회 회장단 취임(김용표 회장 취임). 2005년 한국교수불자대회. 교불련 논집 11집 간행 지구촌 시대의 한국문화와 불교 (2004, 오성). 2006년 (불기 2550년). 제1회 불자-기독자 교수 공동학술회의 2006. 5. 19(금) "인류의 교사로서의 붓다와 예수". 주최: 한국교수불자연합회/ 한국기독자교수협의회. 2006년 한국교수불자대회. 교불련 논집 제12집 발간 '한국불교와 세계불교와의 대화'. 2007. 2.7 제12대 회장 김용표 교수 재선. 2007. 4월 27일 제2회 불교-기독교 교수 공동학술회의 주관.

〈소개〉

# 한국기독자교수협의회

「한국기독자교수협의회」는 1957년에 창립된, 금년에 협의회 설립 45년이 되는 오래된 단체입니다.「한국기독자교수협의회」는 창립 초기부터 오늘에 이르기까지 줄기차게 우리 사회에서 예언자적 사명을 감당해 왔습니다.

「한국기독자교수협의회」의 회장과 부회장을 역임한 분들은 다음과 같습니다 : 서남동, 고범서, 김용옥, 현영학, 김용준, 노정현, 조요한, 노명식, 서광선, 이문영, 한완상, 안병무, 김찬국, 김동길, 이계준, 김숙희, 이삼열, 이명현, 명노근, 이만열, 김성재, 이석영, 노정선, 오인탁, 김용복, 이경숙, 김상일 등.

2006년 현재 회장 이종오(명지대), 부회장 김성은(서울신대), 권진관(성공회대), 총무 조재국(연세대) 등이 사역을 감당하고 있습니다.

「한국기독자교수협의회」는 1960년대에는 "대학에서의 인간형성"(1963), "기독자대학인의 사명"(1964), "한국의 근대화와 대학의 책임"(1965), "한국의 정치, 경제 및 종교의 병리현상과 기독자 교수"(1967) 등의 주제로 연차대회를 열었으나, 1970년대로 접어들면서 한국의 정치상황의 변화와 더불어 우리 사회에서 거의 유일한 비판의 목소리로서의 역할을 하기 시작하였습니다. 그리하여 연차대회의 주제도 "한국의 현실과 기독자교수"(1975), "하나님의 나라가 한국에 임하소서"(1978), "역사의식과 아세아 대학에서의 역사교육"(1983), "분단전후 한국의 고등교육"(1987), "민주화와 대학 지성인의 참여"(1988), 등으로 변천하여 왔습니다. 1990년대로 접어들어서는 우리나라의 정치적 민주화의 전개와 평화통일정책에 발맞추어 "탈냉전시대에 있어서 기독자 대학인의 사명"(1990), "기독교와 통일운동"(1991), "민주사회의 과제와 기독자교수"(1993), "사회개혁과 대학의 책임"(1994), "민족화합과 희년 통일"(1995), "과거청산과 민족의 미래"(1996), "세계화와 교육"(2001) 등의 주제를 다루었습니다.

「한국기독자교수협의회」는 시대에 안주하기 않고 기독자적 지성으로 시대를 전망하는 활동을 계속하고 있습니다. 2002년도에는 "학진의 연구지원정책"(김성재), "한국의 부패, 그 현황과 대책"(이은영), "외국의 부패극복사례 : 싱가포르와 미국"(박원순), "한국의 정치 : 사회적 민주주의의 변천과 기독자교수협의회"(한완상) 등의 지식인포럼을 가졌으며, 2002년도 연차대회를 "사회개혁과 종교권력"이라는 주제로 학술발표회를 가졌습니다. 2003년도 연차대회는 "한국의 종교들간 대화 : 결과와 전망"이라는 주제로 학술발표회를 가졌습니다. 2005년도 2월에 "한국의 사회안전망을 위한 기독교의 과제 모색"이란 주제로 겨울대회를 가졌으며 5월에는 "동북아 평화 국제 학술대회"를 개최하였습니다.